生徒も教師も わくわくする 道徳授業

深い学びにつながる22の秘訣
中学校編

監修　押谷由夫・野津有司・賞雅技子

東京書籍

― はじめに ―

　中学校では，道徳が平成31年度から教科化されることになりました。さまざまな研究や実践がされ，各自治体の教育委員会からも多くの資料が配布されています。
　しかし，学校現場では「これまでの道徳と何が違っているのか？」「生徒の期待に応えられる授業ができるのか？」という不安の声も少なからず聞こえてきます。また，現在ある書籍などを見てみると，指導事例のほとんどが指導案方式で載っているため，道徳を勉強してきた先生には分かるけれども，解説を読んでも分かりづらいと感じる先生が多いように思います。さらに，指導案に基づき実際にやってみたが，手応えがないままに授業が終わってしまったということもあったのではないでしょうか。

　本書は，教科化に向けて各学校現場で実践研究を重ね，「考え，議論する道徳の指導」や「問題解決的な学習の指導方法」などを取り入れて行われた実際の授業に基づいて構成されています。読み物教材は，文部科学省『中学校道徳　読み物資料集』や，毎年1年生に配付される文部科学省『私たちの道徳　中学校』に掲載されているものなど，多くの学校で扱いやすい教材を活用しています。また，読み物教材だけでなく，ポスターや場面絵，新聞掲載された記事などから「考え，議論する道徳」の指導事例を作成し，掲載しています。

　道徳の授業を「もう少し勉強したい」と意欲的な先生，「どうやったら日頃の授業が生徒と楽しくできるか」と悩んでいる先生など，多くの先生方に，本書は大いに役立つものと確信しています。是非、手に取っていただき，日本全国で広く実践され，生徒も教師も「道徳の授業が楽しい」と感じてくださることを心より願っています。

　　　　　　　　　　　　　　　　　　　　　　　　　　　筆者一同

目　次

はじめに 3
目次 4
本書で紹介する授業実践の特長 6

1章　概論

これからの道徳教育　押谷由夫 8
考え，議論する道徳の授業実践をめざして　野津有司 12
道徳科の開始に向けて　賞雅技子 20

2章　授業実践

内容項目 A

授業実践 1	責任ある行動　「裏庭でのできごと」における授業実践	26
授業実践 2	自主・自律　「ネット将棋」における授業実践	30
授業実践 3	あきらめない強い意志　「小惑星探査機『はやぶさ』」における授業実践	34
授業実践 4	目標の実現　「宇宙兄弟」における授業実践	38
授業実践 5	理想の実現　「湯川秀樹」における授業実践	42

内容項目 B

授業実践 6	感謝を伝える　「キタジマくんからのメッセージ」における授業実践	46
授業実践 7	友情　「泣いた赤鬼」における授業実践	50

内容項目 C

授業実践 8	法やきまりの遵守　「二通の手紙」における授業実践	54
授業実践 9	公徳のモラル　「缶コーヒー」における授業実践	58
授業実践10	公正，公平な心　「傍観者でいいのか」における授業実践	62
授業実践11	公正，公平な態度　「広い海へ出てみよう」における授業実践	66
授業実践12	地域の一員として　「町内会デビュー」における授業実践	70
授業実践13	社会連帯の自覚　「加山さんの願い」における授業実践	74
授業実践14	父母，祖父母への敬愛　「一冊のノート」における授業実践	78
授業実践15	家族の一員として　「ごめんね，おばあちゃん」における授業実践	82
授業実践16	郷土への思い　「島うたの心を伝えたい」における授業実践	86
授業実践17	国際社会への貢献　「海と空」における授業実践	90

内容項目D		
授業実践18	生命尊重 「Aちゃんの繋いだ命」における授業実践	94
授業実践19	自然を愛する心とは 「哲学の木」における授業実践	98
授業実践20	自然への感動と畏敬の念 「森からの伝言」における授業実践	102
授業実践21	気高く生きようとする心 「仏の銀蔵」における授業実践	106
授業実践22	自分に恥じない生き方 「銀色のシャープペンシル」における授業実践	110

3章　資料集

主体的に考えさせるための教材 ……… 116
主体的に考えさせるための座席配置 ……… 117

授業実践1	裏庭でのできごと	118
授業実践2	ネット将棋	119
授業実践3	はやぶさプロジェクト	120
授業実践4	目標を目指しやり抜く強い意志を・理想通りにいかない現実もある・「内なる敵」	121
授業実践5	人物探訪　湯川秀樹	121
授業実践6	キタジマくんからのメッセージ	122
授業実践8	二通の手紙	123
授業実践9	缶コーヒー	124
授業実践10	傍観者でいいのか	125
授業実践11	広い海へ出てみよう	126
授業実践12	町内会デビュー	126
授業実践13	加山さんの願い・働くことの意義・この人に学ぶ─鈴木邦雄	128
授業実践14	一冊のノート	131
授業実践15	ごめんね，おばあちゃん	133
授業実践16	島うたの心を伝えたい	134
授業実践17	日本人の自覚をもち世界に貢献する・海と空 ─樫野の人々─	135
授業実践18	繋がる命　愛情注いでね　臓器提供するAちゃんへ　お父さんお母さんより	138
授業実践19	哲学の木・美しいものへの感動と畏敬の念を・自然の恵み・自然の美しさ・人間の力を超えるもの・自然の神秘を感じる・自然との調和・コウノトリ野生復帰プロジェクト	138
授業実践20	森からの伝言	140
授業実践21	仏の銀蔵	141
授業実践22	銀色のシャープペンシル	142

本書で紹介する授業実践の特長

本書で紹介する授業実践は，次の4つの視点で構成されています。

● 授業を行うポイント
授業を進める上での，1時間の大きな簡単な流れが分かるようにしています。

● 考える道徳のポイント
授業を行う先生が授業者の視点を明確にさせて，何を軸に授業を行うかをおさえています。また，授業に必要な教材もまとめ，それぞれのねらいに向けて授業が進められるようにしました。

● 学習指導案
指導案だけでは分からない発問の意図の詳細や，そこに至るまでの経緯，それぞれの発問や活動にかける時間について掲載しました。
「さらに深く考えさせよう！」では，自分のこととして生徒に道徳的価値をどのように考えさせるかを示唆しています。登場人物の気持ちを追うだけで終えることがないように，授業を通して何を学んだかを考えさせるようにしています。
それぞれの授業における指導法も，ブレインストーミング，ＫＪ法，話し合い活動，役割演技などの手法を取り入れ，主体的・対話的に授業が展開できるようになっています。

● 授業記録（板書例・発言記録・ワークシート・生徒の感想など）
実際に授業を行い，生徒の反応に対して教師がどのように返したかをそのままのかたちで掲載しました。指導案に盛り込むことができなかった教師の相槌なども掲載しています。
実際に授業を行ったときの代表的な生徒の感想を取り上げ，どのように感じたか，また，ワークシートを工夫して作成することで，生徒に考えさせたい視点が明確になるように構成しました。板書例やワークシートは，すべての授業について掲載はしていませんが，参考になればと考えています。

1章 概論

志を高め，自らと社会の未来を拓く生徒を育てよう

これからの道徳教育

武庫川女子大学大学院教授
押谷 由夫

　中学生は，最も多感な時期であるとともに，不安定な時期でもある。体は大人に近づくが，精神がついていかない。自分に自信がもてず，ついいらいらし，反発的な言動をしてしまう。中学生なら誰もが経験する，一般的特性であると言えよう。そこをどう乗り切っていくか。中学生の最大の課題である。

　道徳教育はそのことに真っ向から関わる教育なのである。つまり，中学生期は，自分の生き方について，新たな視点から見つめ直す時期であると言えよう。その見つめ方によって，中学生期を充実させることにも，いらいらしたままで過ごしてしまうことにもなる。

　では，積極的に自分と対話し，自分と社会の未来を拓いていける生徒たちをどう育てるのか。これからの道徳教育の最大の課題である。このことをおさえた上で，これからの道徳教育の在り方について，教育課程の改革の動向と関わらせて考えてみよう。

1. これからの学校教育に求められるものと道徳教育

(1) 育成すべき資質・能力の三つの柱と道徳教育

　平成28年12月21日に，中教審より，次期学習指導要領の改訂に関する『幼稚園，小学校，中学校，高等学校及び特別支援学校の学習指導要領等の改善及び必要な方策等について（答申）』が出された。その中で，これからの学校教育で育成すべき資質・能力について三つの柱を示している。第1は，「何を知っているか，何ができるか（個別の知識・技能）」である。第2は，「知っていること・できることをどう使うか（思考力・判断力・表現力等）」である。知識・技能を身につけることと活用することを同時に行うことによって，学びが力動化するのであり，さまざまな課題にチャレンジしていき，新しい知恵を生み出すこともできるのである。第3は，「どのように社会・世界と関わり，よりよい人生を送るか（学びに向かう力，人間性等）」である。知識や技能は，身につけ，生かしていくことが大切であるが，「どのように生かすか」と同時に，「何のために生かすのか」をおさえる必要がある。言うまでもなく，より幸せな生き方と，よりよい集団や社会をめざしてである。それは，道徳性の育成によって可能となる。つまり，「三つの柱」の育成において，道徳教育が根幹を担うことになる。

(2) モラル・アクティブ・ラーニング

そして，これらの資質・能力を育成するためには，アクティブ・ラーニングが必要だとされる。既存の知識や技能を使っていろいろな課題に対峙し，みんながいっしょになって思考力・判断力・表現力を発揮しながら対応することで，新たな知識や技能を身につけていくことが求められる。そのこと自体がアクティブ・ラーニングである。つまり，アクティブ・ラーニングは，しっかりとした知識や技能を身につけるとともに，直面する具体的な課題や問題に対して，それぞれが身につけている知識や技能を駆使し，協働しながら追求し，よりよい生き方や社会づくりへとつなげていく学びであるということができる。

アクティブとは，「活動的，積極的，能動的」であるが，より積極的に「力動的」と捉えたい。つまり，「ダイナミックに動く」ということである。では，何が動くのか。

第1は，心である。感動したり，共感したり，鼓舞されたりして，心の動きを力動化することによって，学びが一層力動的になっていく。それらの根幹にあるのが道徳性である。つまり，三つ目の柱とする「学びの向かう方向」は人間としてよりよく生きることなのである。

第2は，頭である。思考力，判断力，表現力など，頭を活性化させることによって，より力動的な学びが起こる。

第3は，体である。実際に体を動かすことで学びが力動化する。体験したり行動に移したりすることによって学びが主体化され，さらに内面と響き合うことによって習慣化されていく。

アクティブ・ラーニングを方法と捉え，体験的な学習や問題解決的な学習が強調されるが，頭が動く，体が動く学びと同時に，心が動く学びを考えていくことが大切なのである。道徳教育におけるアクティブ・ラーニングにおいては，「心が動く学び」を中心において「頭が動く学び」と「体が動く学び」を力動化させていくのである。そのことによって，人間としての自分らしい生き方を求めてのアクティブ・ラーニングが具体化する。

そのことをより明確にするために，モラル・アクティブ・ラーニングを提唱したい。認知的側面，情意的側面，行動的側面をトータルに捉えて，「特別の教科　道徳」を要として子供たち自身が主体的・協働的に道徳学習を組み立て，取り組み，日常化・習慣化する学びの提案である。

2. 道徳教育と「特別の教科　道徳」の目標 ── モラル・アクティブ・ラーナーを育てる

では，道徳教育と「特別の教科　道徳」の目標はどのようになっているだろうか。

(1) 道徳教育の目標
　　─自立的に道徳的実践のできる
　　　子供を育てる─

総則では，道徳教育の目標を，「自己の生き方（人間としての生き方）を考え，主体的な判断の下に行動し，自立した人間として他者と共によりよく生きるための基盤となる道徳性を養うことを目標とする」(カッコ内は中学校)と示している。道徳教育は，まず人間としての自分らしい生き方につい

て考えられるようになること。そして，人間としての自分らしい生き方を具体的な生活や学習活動などにおいて追求していくことを通して，社会的に自立した人間となることを求めている。まさに，モラル・アクティブ・ラーナーを育てるのである。

(2)「特別の教科 道徳」の目標
　　―人生や生活に生きて働く道徳性を育てる―

　道徳教育の要である「特別の教科 道徳」の目標は「よりよく生きるための基盤となる道徳性を養うため，道徳的諸価値についての理解を基に，自己を見つめ，物事を（広い視野から）多面的・多角的に考え，自己の生き方（人間としての生き方）についての考えを深める学習を通して，道徳的な判断力，心情，実践意欲と態度を育てる」（カッコ内は中学校）と示している。

　道徳教育の要としての役割を果たすためには，第1に，「道徳的諸価値について理解」を深めることを求めている。それは同時に，人間理解を深めることになる。第2に，そのことを基にして，「自己を見つめる」ことを求めている。それは，道徳教育の目標にある「人間としての自分の生き方を考える」基本である。第3に，「道徳的諸価値の理解を基に」「物事を（広い視野から）多面的・多角的に考える」ことを求めている。それは，道徳教育の目標の「主体的に判断し行動」するための基本であると捉えられる。

　この3点を踏まえた，人間としての自分らしい生き方についての考えを深める学習を通して，道徳性の根幹にある道徳的判断力と道徳的心情と道徳的実践意欲と態度を養っていくのである。このようにして育まれる道徳性は，日々の生活や学習活動と響き合って，磨かれることになる。そのことによって，学校教育全体で取り組む道徳教育の要としての役割が果たせるのである。

(3)「特別の教科 道徳」の
　　カリキュラムづくりのポイント

　以上を踏まえて，「特別の教科 道徳」のカリキュラムづくりにおけるポイントを挙げれば，大きく次の3点を指摘できる。

　第1は，学校教育全体で取り組む道徳教育との関連を明らかにすることである。特にスクール・マネジメントの視点から道徳教育の全体計画を作成する必要がある。そのことによって，学校教育の中核となる道徳教育を明確にし，その要としての役割を果たす「特別の教科 道徳」のカリキュラムづくりの基本が確立される。

　第2は，全体計画を踏まえて，「特別の教科 道徳」の年間にわたる指導計画を作成する。「特別の教科 道徳」の年間指導計画を見れば，学校における道徳教育の全体像も確認できるようにすることが大切である。そのためには，備考欄を設けて，他の教育活動で行う道徳教育との関連や，家庭・地域との連携なども記入する。

　第3は，具体的な授業の指導計画である。「特別の教科 道徳」の目標を追求するためのさまざまな授業を工夫する必要がある。そのポイントは，子供たち一人ひとりが，モラル・アクティブ・ラーナーとして，日々の生活を送れるようにするための要となる授業となっているかどうかである。

3. 中学生の発達段階を考慮した指導方法を工夫する

　以上のことを踏まえて，「特別の教科 道徳」の授業をいかに工夫すればよいのか。主に次のような点を指摘したい。

　第1に，中学生は最も多感な時期であることから，中学生期が人生でどのように重要であるかを自覚できることが必要である。道徳の授業ではまずこのことにしっかり取り組みたい。現在活躍している人たちや先人も多感な中学生時代を過ごしている。そのような人々から学ぶことができる。

　第2は，思春期のこの時期は内向きのコミュニケーションを発達させるが，閉鎖的な自己内対話にならないように友達と心を開いた対話が必要になる。自分たちの悩みや葛藤を互いが率直に話し合える道徳の授業を考える。生徒たちに勇気と希望を与える読み物教材を積極的に活用したい。

　第3は，道徳の授業では，常に予習と復習を課すようにしたい。それらは道徳ノートに記入できるようにし，見返すことができるようにする。読み物教材を使用する場合は，事前に読んで課題についての自分の考えをまとめておくことや，アンケートに答えてもらうなど積極的に取り組みたい。

　第4は，中学生期は大人や社会への不信感をもちやすい時期であることから，道徳の授業でさまざまな生き方について話し合う中で，大人への信頼感，大人になることへの期待感，社会と関わることの意義や生きがいなどについての意識が高まるようにすることが大切である。将来の社会や人生に危機感をもたせることは必要だが，煽るだけの授業であると生徒たちは大人や社会への不信感を増すだけでなく，未来に夢や希望がもてなくなる。

　第5に，中学生は学校行事やさまざまな学習活動において感動的な体験をする場が多様に用意されている。それらと直接響き合わせた道徳学習を計画することが求められる。心が動くのは，そこに道徳的価値を感じているからである。感動をよりよく生きることにつなげていくのである。

　第6に，社会的事象や道徳的事象について，自分たちで調べ，追究し，提案し，取り組んでいける道徳学習を充実させたい。そのためには，道徳の授業での話し合いが活発化するように，事前に総合的な学習の時間などで，道徳の授業で取り上げる事柄について調べる学習を行い，道徳の授業で人間としての生き方から捉え直し，また，総合的な学習の時間などで実践へとつなげていけるような道徳学習にも取り組みたい。

　第7に，各教科における知的な学習をベースにした道徳の授業を積極的に考える必要がある。そのことによって，道徳の授業での議論が思いつきではなく知識や体験に基づく議論になっていく。深められた議論のままで終わるのではなく，話し合って気づいたり確認したりしたことを基にして，自分と自分の生活を見つめて自己評価し，課題にどう取り組めるかを考える。事後に実際に取り組みながら，また，道徳の授業でより高い価値意識を基に話し合う，といった螺旋的な発展のある道徳学習を計画する必要がある。

　このような道徳学習が学校のカリキュラム（カリキュラム・マネジメント）の中核に位置づけられるようにしたい。

求められる学習指導の転換

考え，議論する道徳の授業実践をめざして

筑波大学教授・筑波大学附属中学校長
野津 有司

　昭和33年に小学校および中学校の教育課程に「道徳の時間」が位置づけられて，今日まで半世紀以上が経った。道徳教育は，「道徳的な心情，判断力，実践意欲と態度などの道徳性を養うこと」を目標とし，これまで「道徳の時間」を要としながら教育活動全体を通じて実践に取り組まれてきた。

　この度，平成26年に中央教育審議会答申「道徳に係る教育課程の改善等について」が示され，平成27年に小学校および中学校の学習指導要領が一部改正された。今改正は，小学校および中学校の「道徳の時間」を「特別の教科　道徳」（以下，道徳科）として位置づけるものである。道徳教育は学習指導要領の改訂において，それぞれの時代や顕在化する課題等を踏まえながら改善，充実が図られてきているが，この教科化はこれまでの歩みの中で最も重大な変革と言えよう。この教育課程の変革を強みとして最大限に生かし，子供たちの道徳的実践力を着実に，確実に育成するために授業実践のさらなる充実が求められている。

　道徳科は，小学校では平成30年度から，中学校では平成31年度から，それぞれ全面実施される。道徳科を要とした道徳教育のよりよい実践に向けて，今後，教師はどう考え，どう進めていくべきであろうか。

1. 道徳教育で育成すべき資質・能力とは ——次期学習指導要領における考え方

　現代の子供たちをめぐっては，社会環境や生活様式の変化などを背景として，生命尊重の意識の不十分さ，人間関係を形成する力の低下，いじめの深刻化，規範意識の希薄さ，自己肯定感の低さなど，道徳に関わる課題が指摘されている。道徳教育は，これまで以上にその果たす役割が期待され，改善，充実が社会的にも強く求められていることは言うまでもない。そして，最終的にはこのような課題の改善に応え得る道徳教育であるべきであるが，授業としては，そればかりを早計に，直接的にめざすことのないように注意しなければならない。すなわち，学校教育としての道徳で，

― 考え，議論する道徳の授業実践をめざして ―

育成をめざすべきものの根幹を見失ってはならないことを，改めて強調しておきたい。

平成28年度中の答申がめざされる次期学習指導要領改訂の基本的な方針となるものとして，中央教育審議会の教育課程企画特別部会により「論点整理」（平成27年）が示された。これを受けて教育課程部会では，「総則・評価特別部会」をはじめとして学校段階等別・教科等別のワーキンググループ等が設置されて専門的な議論が進められ，平成28年8月に「次期学習指導要領等に向けたこれまでの審議のまとめ」が了承された。

この中で，グローバル化や情報化等が進展する我が国の将来を見据え，また，児童生徒が主体的に判断し行動することに課題が見られる現状等を踏まえて，新しい時代を担う子供たちに育成すべき資質・能力について次の三つの柱で整理された。すなわち，「何を知っているか，何ができるか（生きて働く『知識・技能』の習得）」，「知っていること，できることをどう使うか（未知の状況にも対応できる『思考力・判断力・表現力等』の育成）」，「どのように社会・世界と関わり，よりよい人生を送るか（学びを人生や社会に生かそうとする『学びに向かう力・人間性等』の涵養）」である。学校教育を通して何ができるようになり，どうよりよく生きていけるようになるかという視点が，より重視されたものと言える。

学校教育の一環として進められる道徳においても，この育成すべき資質・能力は同じである。この三つの柱の具体を明確にして，道徳教育によって身につける資質・能力を十分吟味することが不可欠となる。多様な価値観やさまざまな問題が見られる社会の中で，生涯を通して道徳的に判断し，行動していくための基礎・基本となる資質・能力こそを，子供たちに身につけさせることが重要なのである。

2. 学習指導において特に留意すべきこと

(1) アクティブ・ラーニングの視点を重視する

道徳科の新設に関わってとりわけ注目すべき点は，発達の段階等を踏まえて内容の改善が図られたこととともに，答えが1つではない道徳的な課題を一人ひとりの児童生徒が自分自身の問題と捉え向き合う「考える道徳」，「議論する道徳」への転換を図るべく，指導方法の工夫が一層強調されていることであろう。

児童生徒に育成すべき資質・能力を育むためには，「何を学ぶか」という学習内容はもとより，その内容を「どのように学ぶか」が鍵となり，それが学びの質や深まりに大きな影響を与える。そうした中で，課題の発見と解決に向けて，主体的・対話的で深い学び（「アクティブ・ラーニング」）が重視されており，そのための指導方法の改善，充実が不可欠となっている。学習内容をどう教えるかという指導方法や教材の工夫は，学習指導を担う教師の極めて重要な責務であり，児童生徒の資質・能力の向上は，まさに教師の指導の在り方に懸かっていることを強く自覚する必要があろう。

(2) 学習の目標や内容に適した
　　指導方法を吟味し活用する

　中学校学習指導要領解説「特別の教科 道徳編」を見ると，「生徒の内面的な自覚を促す指導方法」，「生徒の発達や個に応じた指導方法」，「問題解決的な学習，体験的な活動など多様な指導方法」を工夫することが重要であることなどが示されている。また，「道徳科に生かす指導方法の工夫」として，教材の提示，発問，話し合い，書く活動，動作化，役割演技等の生徒の表現活動などが例示されている。

　そうした中で担当教師には，教育の成果を十分上げるために，学習内容を踏まえた上で，その内容に適した指導方法を吟味し，活用することが求められる。生徒の学習意欲を高め，主体的な学習を促すために，児童生徒が活躍できる場面を保障して，魅力的な指導となるよう工夫する必要がある。なお，ここで注意すべきことは，学習内容をなおざりにして指導方法の工夫ばかりに陥らないようにすることである。肝に銘じておきたいものである。

(3) 価値観の「伝達」から
　　「問いかけ」へ転換する

　グローバル化が急激に進展する中で価値観もいっそう多様になり，今日の社会においてさまざまな価値観を理解，尊重し，共生していくことは極めて大切なことである。例えば，西オーストラリア州のカリキュラムでは，学校教育の全8教科において，それぞれ**価値教育**（*Values Education*）を進めることが示されている。こうした背景には，オーストラリアがこれまで多くの移民を受け入れていること，また，伝統的な文化の価値が失われつつあることや急激に変化する社会情勢への対応が必要となっていること，さらには，歴史あるアボリジニの文化を守ることなどがある。

　我が国の道徳教育においても従来，道徳的価値についての理解を基にした指導が求められていた。その際には，現実的には複数の道徳的価値が対立する場面に直面することも踏まえながら，心の葛藤や揺れが生じることや，どの価値を優先するのかなどの判断に迫られることがあることなどに気づかせる授業を仕組むことが重要となる。道徳科の新設に伴って「考える道徳」，「議論する道徳」がキーワードとなっている中で，多様な価値観が存在することについて問いかけ，「主体的に」考えさせるための教材の開発が大きな鍵となろう。

(4) 肯定的に展開することを
　　大切にして指導する

　すべての学習指導において重要なことは，学習者が否定されない安心感をもち，生き生きと自分を発揮し，クラスの皆で探究していけるような学びの空間・共同体づくりが，授業の基盤となることである。道徳性の涵養をめざす道徳においては，ことさらこの点が不可欠であると思われる。学習指導要領解説においても，「道徳科の指導は，よりよい生き方について児童生徒が互いに語り合うなど学級での温かな心の交流があって効果を発揮する」ことから，「信頼関係や温かい人間関係を基盤に置く」ことの重要性が示されている。

　そのためには，学習指導ができる限り肯定的に展開される必要がある。このことは，教師にとって自明であるが，ここで改めて指摘しておきたい。

3. 考え，議論する道徳に求められる多様な指導方法の工夫 ── マジカルメソッドはない

考え，議論する授業を展開するに当たり，次の3つの工夫が指導において重要であると私は考えている。すなわち，「考える方向性を見えやすくする工夫」，「考えを揺さぶる工夫」，「まとめの在り方の工夫」である。このためには，学習の目標や内容を踏まえて，指導方法を多様に工夫する必要がある。その際重要なことは，各指導方法には長所と短所があることから，それぞれの特長を生かし，留意事項に配慮して適切に用いることである。また多くの場合，いくつかの指導方法を用いて授業を展開することになり，それぞれの指導方法の短所を補う視点で組み合わせを考えることも工夫の一つと言える。

(1) ねらいに応じてロールプレイング（役割演技）を活用すること

道徳教育における指導方法の工夫の一つとして，**ロールプレイング（役割演技）**が挙げられる。社会学習理論を基礎にしたロールプレイングは，実際に演じたり観察したりすることによって，より具体的に考えたり，話し合ったりすることができるという点で，効果的であると言われている。したがって，ロールプレイングを用いた指導では，学習者にある役割を与えて演じさせるだけではなく，それを通じて学習者に演者としてあるいは観察者として，学習内容に関わって問題点や解決方法を考えさせる活動が重視されなければならない。

また，重要なこととして，ロールプレイングを用いた授業において学習の成果をあげるためには，ロールプレイングによって生徒に何を身につけさせたいかという点を明確にして用いることが不可欠である。単に演技をさせるということに目を向けてばかりでは，ロールプレイングという指導方法の特長が十分に生かされていないと言える。

道徳教育においてロールプレイングを用いるねらいとして，私は少なくとも二つあると考える。一つは，生徒が演技をしたり観察したりすることを通じて，さまざまなプレッシャーや心の葛藤等により，実践がなかなか容易ではないことを実感として気づかせるというねらいである。例えば，礼儀について，時と場に応じて適切な言動をとることの難しさを体験的に気づかせることが考えられる。従来のしきたり等に反発する傾向や照れる気持ち，その場の状況に左右されることによって，望ましい行動がとれなくなったりすることもあることに気づかせ，そうした中でも主体的に適切な言動がとれるようにすることをめざして，ロールプレイングを用いることは有用であると思われる。

もう一つは，生徒自身が実際に演技をしてみることによって，実践できるという見通しを高め，実践を容易にさせるというねらいである。例えば，バスや電車等で座席を譲ることを実際に演技させることが考えられる。相手の立場や気持ちに配慮し，さらには他者の目も気になる状況の中で，座席を譲ることが容易ではないことは，中学生でも経験的に感じていることである。そうした中で，ロールプレイングを用いて思いやりの心をどのように上手く行動に移せ

ばよいかということを，ロールプレイングを通して学習することは実践化に向けて効果的であると思われる。

しかしながら，ロールプレイングは一定の効果が期待されるものの，実際の授業においては配当授業時数が少ないことなどから，ロールプレイングに十分な時間がかけにくいということが言われ，活用するに当たってはやや難しいところがあるというのが現実のようである。そこで，こうしたロールプレイングの限界を補う上でも，以下に示すケーススタディとブレインストーミングを一層積極的に活用することを提案したい。

(2) ケーススタディを効果的に用いること

ケーススタディとは，日常生活で起こりそうな架空の物語で場面を設定して，生徒に登場人物の気持ちや考えまたは行動の結果を予想させたり，主人公がどのように対処すべきかについて，考えさせたりする指導方法のことである。主人公がどのように対処すべきかについて生徒の率直な気持ちや考えを引き出すことができ，学習者の誤った社会通念や特定の価値観に留まった認識の改善，有効なスキルを活用する能力の向上等に有効と考えられる。また，生徒は自分の体験を話すような気恥ずかしい思いをしないですみ，率直な気持ちや考えを発言しやすくなり，学習への参加が容易になる。そのため，授業の展開としては「もし，あなただったら」という問いかけは避けて，あくまでも登場人物について考えさせ，さらに，学習者に自由な発想と十分な時間を保障し，批判的な思考や創造的思考を促す問いかけを工夫する必要がある。これまでのありがちな授業では，自分のこととしてしっかり受け止めて考えてほしいということから，「はい，あなただったらどうするか，発表してください」といった展開になりがちであるが，生徒にとってみれば「そんなことについて本当のことを言えるわけがない」というのが本音であろう。そして結果的に，単なる模範的な答えや教師の期待する回答を言うだけになることが，しばしば見られる。

ケーススタディを活用した指導で最も留意すべきことは，教師主導となり，あるべき望ましい考えなどを先に示してしまうような誘導的な指導に陥らないことである。子供たちに主人公の立場になって主体的に真剣に考えさせることこそに意義があり，その時間を保障することが重要である。また教師は，子供たちがケーススタディにおいて考え出した事柄の出来，不出来などの批評をすることは基本的に避けなければならない。

考え，議論させる道徳においては，子供たち一人ひとりがもつそれぞれの価値観の中で，まずは本音で真剣に考えることから議論が深まり，新たな価値観に気づいたり理解したりして，教育の成果が得られると思われる。そうしたときに，あくまでもケーススタディにおける「この主人公は，どうするだろうか。どう考えるだろうか」，あるいは「友人としては，どうアドバイスすべきか」などと問いかけ，子供たちが考えやすいように促すことが重要である。もちろん，このような問いかけをしたとしても，子供たちは実際，自分に置き換えて考えたりするものと思われる。そして，授業の終わりには，今日勉強したことを基に「自分だったらどうするか」ということで考え

―考え,議論する道徳の授業実践をめざして―

てみてください」といったまとめ方はどうだろうか。なお,授業の終わりに,特定のありがちな価値観を押しつけるようなまとめ方は絶対に避けたいものである。子供たちにとっては,授業中に,自分なりに思考したり他の人の考えを知ったりして,さらに思考を深めた過程こそが,クラスの皆で学習した成果であり,授業の醍醐味と言える。

ここで具体的に,中学生を対象としたいじめ防止についての教材を紹介したい。下図に示すのは,私たちが平成10年に作成したケーススタディであり,授業において本教材を活用して,すべての子供たちに真剣に考える時間と材料と仲間を保障することをねらったものである[※]。

平成27年に一部改正された中学校学習指導要領の解説「特別の教科 道徳編」で

[※](「うちかて!『いじめ』に―その予防・発見・対処―」秋田大学教育文化学部編,あきたさきがけブックNo.28,秋田魁新報社,51-59頁,1998)

ユウコとノリコとレイコはいつも3人でいる仲良しグループでした。中学2年生のクラス替えでたまたま席が近くになって話す機会が多くなり,それからいつも3人でいるようになったのです。
　ユウコとノリコの2人は積極的で少し気が強く,それに比べて,レイコは内気でおとなしいところがあります。
　日が経つにつれて,ノリコとレイコは,最初の頃たのもしく見えたユウコの態度が自分勝手で,でしゃばりに思えてきました。
　そしてある朝,こんなことがありました。

　　ユウコ　　　　　　(いつもの調子で)「ノリコ,レイコ,おっはよう。」
　　ノリコ/レイコ　　(ユウコと目をあわさないようにして)「うぅ・・・ん。」
　　ユウコ　　　　　　「あれ,どうしたの? 元気ないね。」
　　ノリコ/レイコ　　(気まずい雰囲気で)「・・・・・・・・」
　　ユウコ　　　　　　「私の名前,言ってたようだけど,なんの話?」
　　ノリコ　　　　　　「あ,こっちの話。なんでもないの。」
　　ユウコ　　　　　　「＿＿＿＿＿＿＿＿＿＿＿＿＿＿＿＿＿＿＿＿＿＿＿」

実は以前に,ノリコとレイコの間で,こんなことがありました。

　　ノリコ　「レイコ,聞いてくれる?
　　　　　　　最近ね,私,ユウコがなんでもずばずば言う性格,我慢できないの。」
　　レイコ　(ちょっと驚いて)「そうお? まぁ,たまーに『きついなぁ』って時も
　　　　　　あるけど・・・。」
　　ノリコ　(だんだん強い口調で)「きのうも嫌な気持ちにさせられたの。絶対言い過ぎだよ。
　　　　　　ねぇ,ユウコがきょう来たら,口きかないことにしようよ。」
　　レイコ　「えっ,そんなぁ・・・」
　　ノリコ　「そうしようよ。ユウコも自分が悪いのに気づくよ。ねっ。」
　　レイコ　「＿＿＿＿＿＿＿＿＿＿＿＿＿＿＿＿＿＿＿＿＿＿＿＿＿」

は,「B 主として人との関わりに関することのの」「9 相互理解,寛容」や,「C 主として集団や社会との関わりに関すること」の「11 公正,公平,社会正義」等において,いじめの防止に関わる資質・能力の育成につながる指導が求められている。いじめは深刻な問題であり,中学生の発達の段階に鑑みると,その防止のための有意義な授業実践はとりわけ難しい。ケーススタディの活用は,教材として架空の物語でありながらも,中学生の心情やしばしば見られる場面の描写からリアルに考え,議論する授業展開が期待され,その打開策の一つと思われる。

(3) ブレインストーミングを積極的に取り入れること

こうしたケーススタディを活用した指導においても言えることだが,道徳教育では,生徒のこれまでの知識や価値観,あるいは常識的な「正解」だけが飛び交うような授業からどう脱皮するかがポイントとなる。生徒は多くの場合,発達の段階に応じて,あるべきものとしての「正解」はそれなりに知っていると思われる。思いやりの心をもって人と接する,決められたルールを守る,望ましい生活習慣を身につける,自然を大切にする,等々である。重視すべきことは,一つの正解を見つけることではなく,多様な回答や選択肢があることに気づくことや,それらを創造的に思考できることであろう。

ブレインストーミングは,1939年にオズボーン(*Osborn, A. F.*)によって考案された集団思考の技法である。通常リーダーを含めて5〜10名程度のグループで,「Brain Storming(頭脳に嵐が吹く)」の名のごとく頭の働きを活発にして,課題に対して自由奔放にアイデアを出し合うものである。他人のアイデアから連想が起こり,一人の頭の中で考えるよりも豊かな発想で考えることができるため,創造的な思考が促される。

実施に当たっては,①自由な発想で自由に思考し,短く発言する,②出されたアイデアについて,その場で互いによい悪いを言わない,③アイデアの実現性など質を問わずに,一定の時間内にできる限り多くの量のアイデアを出す,④出されたアイデアを手がかりに結合,変形,改善して,新たなアイデアに発展させるのもよい,というルールを設けて行う。創造的思考力やアイデアは荷車を押すかのごとく,最初はなかなか出にくいが,アイデアが出だすと次から次へと湧き出てくる。その途中に,「それはおかしいんじゃないか,私はそうは思わないよ」という意見が出たりすると,急に創造的思考力はしぼんでしまうため,批判的な発言や議論は一切しないというルールを最初に確認してから行う。

こうした思考力等を育成する学習では,生徒の一人ひとりが活躍できる場面を保障し,学習意欲を高め,主体的な学習を促す工夫が一層重要となる。ブレインストーミングは,友好的で協力的な,自由にものが言える話し合いの場を作り出し,学びの空間づくりにも役立つものである。ブレインストーミングを用いた授業では,日頃活発な生徒ばかりでなく,おとなしい生徒や比較的考えることが苦手な生徒も自分を発揮し,積極的に参加することが期待されるのである。

ここでもう一つ,**ブレインライティング**を紹介したい。ブレインライティングは,短冊や模造紙などにアイデアなどを書き出

―考え，議論する道徳の授業実践をめざして―

すようにする手法であり，基本的にはブレインストーミングと同様である。しかし，ブレインストーミングのテーマによっては，生徒は仲間を目の前にして思いついたアイデアを直接発言することに抵抗があるという場合もあろう。例えば，性に関する内容や対人関係に関する内容などでは，ブレインライティングは特に有用と思われる。

4. 道徳教育の意義や価値を学校全体で共有し，一人ひとりの教師の実践を促すために「カリキュラム・マネジメント」の考え方を生かそう！

　前述した教育課程部会の審議のまとめ（平成28年8月）の中で，次期学習指導要領改訂のキーワードの一つとして「**カリキュラム・マネジメント**」の考え方が挙げられた。これは，各教科等の目標や内容等に基づいて育成された資質・能力を，当該教科等の文脈以外の実社会のさまざまな場面で活用できる汎用的な能力に育てていく必要性を示すものであり，そのために教育課程の構造上の工夫を推進するものである。すなわち，社会に開かれた教育課程が必要であり，各学校においてすべての教職員によって，各教科等の教育内容を相互の関係で捉え，学校の教育目標の達成に必要な教育の内容を教科横断的な視点で組織的に配列していくというカリキュラム・マネジメントの実現が強く求められているのである。

　道徳は従来，学習指導要領の総則の中で，「道徳の時間を要として学校の教育活動全体を通じて行うものであり，道徳の時間はもとより，各教科，総合的な学習の時間及び特別活動のそれぞれの特質に応じて，生徒の発達の段階を考慮して，適切な指導を行わなければならない」ことが示されている。

　そうした中で，道徳について各学校でカリキュラム・マネジメントを実現するには，校長等の管理職はもちろん，すべての教職員が道徳の意義や果たす役割についてしっかりと共通理解することが求められる。また，道徳に関して，各学校の教育目標や育成をめざす資質・能力を明確にして，道徳科を要とした各教科等での役割や位置づけを検討することが求められる。

　教育改革の研究で著名なミッシェル・フラン氏（トロント大学名誉教授）は，教育の改革には，①教材の見直し・開発，②指導方法の開発，③教師のビリーフの改善，④学校文化の変革，が重要であると述べている（*The New Meaning of Educational Change*, 2007）。この指摘は，新しく変わろうとしている道徳教育においては，特に意義深いと思われる。教材を含めて指導方法のさらなる工夫が必要であることは，これまで述べてきた通りである。教師のビリーフに関しては，学校における道徳教育の意義や重要性について，教師として一層自覚することが求められていると言える。そして，あるべき授業が地道に着実に実践され，道徳教育の価値が広く理解されていく中で，道徳教育をより重視する学校文化が根づいていくことが期待される。

人間としての生き方を考える，道徳科の授業づくり

道徳科の開始に向けて

平成28年度全日本中学校道徳教育研究会長
三鷹中央学園三鷹市立第四中学校校長
賞雅 技子

1. 特別の教科 道徳

　平成31年度開始となる「特別の教科 道徳」の設置に先立って，各審議会・懇談会等で，道徳教育および道徳の授業に対する多数の指摘があった。その中でも，強く印象に残ったのは「分かりきったことを聞く」という一節である。

　中学生が分かっているであろうことを授業で問うことは，他の教科でも少なくない。学習の基礎を確認したり，前時の復習をしたりする場面で，学習した事柄を確認することは必要なことでもある。道徳の授業に対するこの指摘は何を示唆しているのだろうか。

(1) 分かりきったこととは

　道徳の時間に「分かりきったことを聞く」という指摘は，例えば「規則は守るべきもの」「人には思いやりをもって接する」など，小学校高学年の児童でも理解し行動できることを，中学校の段階でも授業で「答え」として言わせているということであろう。さらには，「分かりきったことを聞く」授業では，生徒にとってはいつも聞いてきた当たり前のことを発言するだけで終わるため，学習は深まらないだろう。深まりがない道徳の時間は，生徒にとって「期待」や「興味」も薄れてしまう。

　教師の側に「人間としての生き方」を追求する意欲やその学習内容に対する深い理解がないままに，授業を行っているという指摘だと解釈できる。授業で，教材や話し合いを通して，生徒が「友情は自分から築くもの。」「主人公は心から親切にしたいと思って行動した。」と答えたことで，教師はその時間のねらいに到達できたと考えるだろうか。

　その根底には，いくつかの要因があるが，教師の道徳的価値（内容項目）に対する理解が浅いために，授業で道徳的価値に関する認識を深めたり変容を図ったりする指導ができていないことや，教材や道徳の授業のねらいが中学生の発達の段階に対応できていないことなどが考えられる。

(2) 中学生の段階

　中学生にもなれば，人間関係が複雑化するとともに，場面や立場，役割ということも意識するようになっている。中学生の時期は，日々の生活の中で友人関係や学級，課外活動を通して体験を重ね，成長を遂げる。狭小な仲間意識や，さまざまな軋轢を恐れ，判断する主体者になることを避けよ

うとする傾向が強いと考えられる。

　中学校での３年間を通して自他の違いを受け入れ，自我を育て，自分なりの道徳的判断力を形成していくのである。

　中学校でのすべての教育活動を通して，生徒は主体性を確立し，自主自立の立場をとって，自分の夢や希望をもち，そして悩みや困難を乗り越えるための人生の基礎を確立していくのである。その中で，道徳科の授業は，生徒が自他の個性を理解し，判断をすることの大切さと，よりよい人間関係や社会性を形成する資質と能力を育む時間でなければならない。当然のこととして，一定の価値観を押しつけるものであってはならない。

　青年前期に当たる13～15歳への理解は，教師が道徳教育と道徳科の授業について研究開発するための基本でもある。

　教師が中学生期についての理解を深めるとともに，一人ひとりの発達の差異にも配慮することに留意したい。

2. 道徳授業の構想

(1) 発問のつながり

　学習指導案が十分に精査されていれば，多くの場合，ねらいに近い授業ができる。

　しかし，教師自身の内容項目の理解や教材の読み取りが不十分などの原因から，生徒の発言が期待通りにならない場合がある。そのため，授業が生徒にとって深まりのないままに終わることは少なくない。生徒の発言が多いことや話し合い活動が活発であることと，道徳的価値について深く考えることとは決して同義ではない。道徳的価値について自分のこととして考える授業であるためには，50分の授業をどのようにデザインするか，指導案に示すことが大切である。

　発問の質については，今後一層精査されるべきである。数学の問題のように，個別に回答していけばよいということではない。

　発問に関連性があり，生徒の思考が無理なくやま場につながり，生徒自身が考えを深めていくプロセスを，指導作成において構想することが重要なのである。

(2) 指導方法について

　これまで，道徳の授業では，一人の登場人物の心情の変化と道徳的価値に関わる心情を読み取らせることが多かった。また，常に教師が授業の中心に在り，生徒の掌握とコントロールが重視されてきた。教師が予定したねらいに向かって，生徒の発言を選択し，終末では教師の説話や振り返りで終わるという流れである。このように，教師が監督・脚本・演出・主演を兼ねることは，今後の道徳科の授業に求められている教師像ではないだろう。

　また，これまでは，生徒が教材から道徳的課題を指摘する取り組みなどは，50分ではこなしきれない展開例として避けられてきた。生徒がアクティブに学び，その授業で半歩でも前進するためには，時間的な配慮も必要である。これまでのような10～15分程度の話し合い活動を展開する授業

から，年間指導計画と指導案作成の時点で2時間扱いとして，生徒が登場人物の体験を辿りながら，その言動について道徳的価値に関わる課題を指摘するなどの授業につなげる必要がある。特別な支援や配慮を要する生徒が十分に参加できる時間を確保するためにも，ゆとりのある展開が求められる。

そのために，教師の教材研究や発問などは重要なポイントであり，複数時間扱いの教材を学期に1本程度計画するなど，授業改善と充実をめざしたカリキュラム上の工夫も欠かせないことである。

(3) 導入の工夫

読み物資料が中心の授業では，感動した部分や道徳的な問題がある記述について，内容の読み取りに時間がかかることがある。すべての生徒が内容を理解できるような工夫とともに，問題を解決する方法や行動を議論するだけでなく，人間としての生き方について考えを深めることが授業の終着点である。道徳的価値に関わる学びが深まる展開となるように，方向性を間違えない工夫も必要である。

生徒が考えを深めるための課題として，いくつかを取り上げる。

導入…ねらい（内容項目）につながる工夫があるか。
時間配分…教材の読み取りと話し合いの時間の配分。
発問の流れ…発問のつながりと授業のやま場を意識しているか。
考えを深める…授業のやま場で，生徒の参加は十分にできているか。
評価…生徒の発言や変化を価値づける視点と言葉をもっているか。

特に導入は，その授業を決定づけることがしばしばある。導入での，さりげない教師の発問や板書によって，授業が大きく左右されてしまうことがある。その時間のねらいにつながる導入であることが大事である。

(4) 道徳科で用いる教材

中学生は教材の中に自らの姿を投影しつつ，授業を受けている。教材の範読を聞きながら文字を追い，大まかに内容を読み取ることは，授業のやま場に向けての出発点である。また，学年の学習レベルよりも下学年の内容であることが望ましいと言われている。複雑で，読み取ることが難解な場合は，登場人物や人間関係，教材に書かれた事実をおさえる必要がある。できるだけ，人間としての生き方について考えられる課題が分かりやすく描かれていることも，配慮すべきことである。

生活体験を重ね，複雑な思考が可能な年齢となっている生徒の状況を踏まえ，学年の教師が複数の目で教材を読み，選定することが重要である。道徳のために創作された教材を中学生が読み，「こんなこと普通はしない。」「実際はあり得ないこと。」という感想や疑いが起きるような教材は，今後，改善されなければならない。

(5) 生徒の主体的な発言や考えを深める指導方法

問題解決的な学習や役割演技，ブレインストーミング，KJ法，対話，学級全体の話し合いなど，指導方法が注目されている。これらは，「生徒が自ら考え，自分の課題を見い出すため」の手段である。教材分析や教材とねらいの適合性，ねらいに迫る発

問構成などが精査されることで指導方法は生きるのである。生徒が考えを深める授業を可能にする指導方法であることを忘れてはならない。

少人数の話し合い活動では，グループ内の発言を記録することに配慮したい。ホワイトボードをグループに与え，メモとして活用させ，教師が認めたり，評価したりできる環境をつくる。こういった教具は積極的に活用すべきだろう。そのことが，生徒の発言や話し合いを活性化することにつながる。

3. 道徳科におけるカリキュラム・マネジメント

ローテーション授業は，道徳科授業の充実に効果的である。教師一人が1本の教材で，学年3学級であれば3回授業ができる。副担任も含めて4〜5週間を，学年として指導できる。何よりも教材と指導案を3回は実践し，授業ごとにブラッシュアップできること，教師間で指導方法等について切磋琢磨できることなど利点は多い。また，授業後に職員室で，生徒や授業に関する情報交換をするようになる，担任が他の教師の指導を見学できるなど，教師が組織的に道徳科について検討し，指導観や生徒観に共通項をもてる。

欠点としては，指導できる教材が広がらないこと，教師の好む教材に偏ること，学年の生徒がある週に共通した教材（内容項目）を学習していないことが挙げられる。

4. 本書の発行に向けて

道徳教育および道徳科の時間は，いじめへの対応，いじめによる悲惨な自殺などを防止するために，より効果的で実効性のある指導が求められている。この改正によって道徳科の授業は，量と質とが着実に向上するとともに，いじめ問題を食い止め，よりよい社会を形成する一人として，正しいことを正しいと言える態度を養うことが課題となっている。しかし，一方では道徳科の学習がすべて身につき，行動に表れるということが少ないことも現実である。道徳科の授業での学びや感動が失せないうちに，繰り返し授業を通して学び，学習の層を厚くしていくことが必要である。

本書の実践事例は，若い先生方のそれぞれの学校での取り組みを基にまとめたものである。若い先生方が，道徳科の未来に期待して，チャレンジした質の高い内容となっている。本書の事例の中には，今後さらに吟味されていく授業もあるだろう。しかし，生徒を見つめ，生徒と共に学ぶ教師がここに在ることは，これからの中学校の道徳科の充実に大きな希望を与えるものである。全国の中学校の先生方が，本書を手に取ることで，道徳科の未来について語り合う契機となることを祈念する。

2章 授業実践

対象学年
中学2年生

内容項目：A-(1)自主，自律，自由と責任

1 「裏庭でのできごと」における授業実践
責任ある行動

関連項目：A-(3)向上心，個性の伸長

| 教材 | 「裏庭でのできごと」『道徳教育推進指導資料 中学校 読み物資料とその利用』文部科学省 ⇒ 本書 P.118 |

● 授業を行うポイント

・**人物絵を活用した登場人物の把握**
　登場人物（男子生徒3名）について，導入の際にあらかじめ人物絵を使って説明する。主人公が誰なのかを先に示し，心情に注目させた上で教材を読むことにより，効率よくその後の発問に取り組むことができる。

・**ブレインストーミング，ＫＪ法による話し合い活動**
　人間の本質に迫り，考えを深める。発問として「人はどうして，健二のように自分の過失を謝らなければいけないと分かっているのに，それができないのだろう？」を中心に授業づくりをした。生徒に，多面的・多角的に人間について考えさせるために，少人数での話し合いとブレインストーミングを用いて思考の可視化を行った。

・**実物投影機を使用した活動発表**
　ＫＪ法により各班で整理した意見を実物投影機で映し出し，学級全体で共有しながら発表活動を行う。班によりグルーピングの仕方などが異なるので，さらに生徒の思考を深めるきっかけとなるよう，各班の発表に対して教師が質問したり，解説を加えたり，他の班との共通点・相違点を確認したりするコメントを伝える。

● 考える道徳のポイント

「人はどうして，健二のように自分の過失を謝らなければいけないと分かっているのに，それができないのだろう？」という発問を通して，人間の弱さについて生徒に投げかけ，考えを深めさせる。答えのない問いについて他者との意見交流をしていく過程で，人間の本質について深く考えさせる。

● 学習指導案

◆**ねらい**
　健二の思いや行動をたどり，自ら考え，判断し，誠実に実行しようとする態度を育成する。

準備するもの		
・付箋紙	・ペン	・人物絵
・実物投影機	・発問カード	

授業展開

導入 3分
登場人物を把握する

ウォーミングアップ
・人物絵を使い、3人の人物関係を整理し、教材への導入を行う。「健二」の気持ちについて考えるのだということを確認する。

7分

教材を読む
・教師が音読し、健二の悩みを確認する。

発問1 3分
「サッカー部の練習が終わってから翌日登校するまで、健二はどのようなことを悩んでいたのだろう?」

健二が友人との考え方の違いに気づき、苦悩している点に気づかせる

発問2 10分
「『ぼく、やっぱり松尾先生のところにいってくるよ。』と言った健二の、『やっぱり』という言葉に込められた思いとは何だろう?」

健二の思いに迫る
・ここでの「やっぱり」という言葉は、さまざまに悩み、考えた末の結論を述べるために使われている点をおさえる。

活動①　ワークシートに記入する
・ワークシートを配付し、各自できるだけ多くの種類の意見を記入するよう促す。その後、ペアトークの時間をとって意見交換した上で、全体で発表する。
・悩んだ末、健二が本当のことを言おうと判断した背景にある心情をおさえる。その上で、最終的に「正直でありたい」「責任をとるべきだ」という思いが大きくなったため、健二は先生のところに行くという決断をしたことをおさえる。

活動②　ペアトークを行った上で、全体で意見を発表させる

中心発問

発問3 22分
「人はどうして、健二のように自分の過失を謝らなければいけないと分かっているのに、それができないのだろう?」

さらに深く考えさせよう!
・「謝るべきだと分かっているけれど、なかなかできない」という人間の在り方について、多面的・多角的に捉えさせる。
・多様な価値項目にも横断した意見を出し合う過程で、人間の本質について客観的に捉えさせながら深く考えさせる。

活動③　付箋紙を使用したブレインストーミング
・付箋紙を1人5枚ずつ配付し、各自1枚につき意見1つを記入させる。3分程度の間に多くの意見を書くよう促す。

活動④　KJ法
・意見を出し合い、話し合いながら付箋紙をグループ分けする。共通する意見をグルーピングし、グループにそれぞれ名前をつけさせる。

活動⑤　実物投影機を使用した発表

まとめ 5分	授業のまとめ
「授業を振り返り，感想や自己評価をワークシートに記入しよう」	・人間は，いつ何時も100対0で何かを決断して行動に移していくものではない。51対49のように，1でも「自分に正直でありたい」「他者に対して誠実でありたい」と思う気持ちが勝ったからこそ，健二は自分の正しいと思うことを実行に移した。 ・授業を振り返り，ねらいとする価値に関する生徒の発言をいくつか取り上げながら話をする。

◆ 指導方法の解説

・ブレインストーミング

集団でアイデアを出し合うことによって相互交錯の連鎖反応や発想の誘発を期待する方法。①判断・結論を出さない（結論厳禁），②粗野な考えを歓迎する（自由奔放），③量を重視する（質より量），④アイデアを結合し発展させる（結合改善）を守って意見を出し合った上で，アイデアを整理する必要がある。

・ＫＪ法

意見をカードや付箋に記述し，内容をグループごとにまとめて図式化していく方法。

授業記録

発問2

T：「ぼく，やっぱり松尾先生のところにいってくるよ。」と言った健二の，「やっぱり」という言葉に込められた思いとは何だろう？

S1：大輔に口止めされたけど，自分は先生のところに行って正直に話したほうがよい。
S2：僕ら的な言い方では，腹を括った。
T：どんなふうに？
S2：正直に言って怒られてもしょうがないって。
S3：やったことは悪いこと。だから，そのままにしておけない。後ろめたい。
T：何が後ろめたいの？
S3：本当のことを言えずにいたことが。
S2：後々，松尾先生にバレるんだったら，後で怒られるよりも今言って怒られたほうが後悔しない。
S4：雄一に便乗して自分のやったことを隠したけど，そのままにしておけない。
（S2：そうか，なるほどね！）
T：なるほど，雄一のせいにしておけないっていうことだね。

中心発問

T：人はどうして，健二のように自分の過失を謝らなければいけないと分かっているのに，それができないのだろう？
T：それでは，5班の発表です。
S6：大きく分けて2つ，「自分のこと」と「相手のこと」を考えた上でグループに分けました。「自分のこと」では，さらに2つに分かれていて，一番多かったのは「怒られたくない」という思いで，その次に，「自分のプライドが許さない」とか「自分の過ちを認めたくない」という思いがあります。「相手のこと」を考えての思いでは，人間関係が崩れることを恐れていたり，相手に悪く思われたくないっていう思いがあったりして，「自分のこと」と「相手のこと」を比べると，やっぱり，「自分のこと」を思っている気持ちのほうが多かったです。
T：この班のまとめも面白くて，さっきS5の班がまとめてくれたのと似てるんだけど，こうやって見ていくと，最後は「自分のこと」のほうをやっぱり考えているんだと判断したんだね。「自分のこと」を大きく考えてしまうのが人間なのかもしれないね。

◆評価（自己評価）
　自己評価は，評価項目①～④の内容に「今日の授業に意欲的に取り組めたか」という内容を追加した合計5つの項目について，当てはまるものに○をつけさせる。
① 自ら考え，判断し，誠実に実行しようとすることの大切さを理解することができたか。
② 自分の問題として，自ら考え，判断し，誠実に実行しようとすることについて考えることができたか。
③ 自ら考え，判断し，誠実に実行しようとすることについて，いろいろな見方・考え方ができたか。
④ 自ら考え，判断し，誠実に実行しようとする気持ちをふくらませることができたか。

◆生徒の授業感想
　自分だけでは考えられないことが，周りの人と意見を出し合い，話し合うことで深められ，いろいろな考えをもつことができて楽しかった。自分の気持ちと共に相手のことを考えているのも人間だと思った。

◆広げる・つなげる教師の目
　ＫＪ法の時間は生徒が本音を語り合う時間となった。時間配分の仕方がものをいう授業であるため，段取りよく授業を進めていく必要がある。ＫＪ法による意見の整理は，回を重ねるほど手際がよくなり，まとめ方もうまくなる。

＜ワークシート＞

「裏庭でのできごと」　　　年　　組　　番　氏名＿＿＿＿＿＿＿

【考えよう】 健二が「やっぱり」という言葉に込めた思い。

MEMO

(1) 授業を通して考えたこと・気がついたこと。

(2) 授業を振り返って当てはまるものすべてに○をつけよう。
（　）① 今日の授業に，意欲的に取り組めた。
（　）② 自分の考えを深めることができた。
（　）③「自分はどうかな」と考えたり，自分の経験を思い出したり，自分のことについての理解を深めたりすることができた。
（　）④ いろいろな見方・考え方をしたり，他の人のそれらにふれたりすることができた。
（　）⑤「これから自ら考え，判断し，誠実に実行していきたい」という気持ちをふくらませることができた。

対象学年
中学1年生

内容項目：A－(1) 自主，自律，自由と責任

2 「ネット将棋」における授業実践
自主・自律

関連項目：B－(6) 思いやり，感謝　B－(7) 礼儀

教　材　「ネット将棋」『私たちの道徳 中学校』文部科学省 ➡ 本書 P.119

● 授業を行うポイント

・**特別活動等の体験活動の活用**
　さまざまな体験活動の中で考えたことや感じたことを道徳科の授業に生かすことで，生徒の関心を高め，道徳的実践を主体的に行う意欲と態度を育むことができると考えられる。今回は，特別活動において情報教育としてDVDの視聴や講話を聞いたことを想起して，授業の導入に生かす。

・**動作化**
　ネット上に飛び交う言葉は，相手が見えないため過激になってしまい傷つけてしまうことがある。教材を通して十分に話し合った後に動作化を取り入れ，黒幕などで相手が見えなくなるようにして数種類のボールをいろいろなタイミングで投げ，受け取るときにどのように感じたか答えてもらう。そして，ネットなどの見えない相手に対してどのような態度で接するかを考えさせたい。

● 考える道徳のポイント

　拓也，敏和，明子，智子の会話や考えたことをたどりながら，何が正しく何が誤りであるかを自ら判断して，望ましい行動をとることの価値を学び，生徒が生きていく上で可能な限り，自己の責任において，結果を受け止め，誇りをもって生きる態度を身につける。

● 学習指導案

◆**ねらい**
　敏和の体験や変化を通して自らを律し，自分や社会に対して常に誠実でなければならないことを自覚し，人間としての誇りをもった，責任ある行動がとれる態度を育成する。

準備するもの
・ボール（バレーボール，ピンポン球，テニスボールなど）
・黒幕
・ネット上で飛び交う言葉を書いたプラカード

30

授業展開

導入　3分

「昨日の情報モラルの授業の感想は？」

ウォーミングアップ

・情報モラルの大切さを学んでいることをおさえる。
・プラカードを使って模擬的にSNS上の会話をする。

生徒にプラカードを持たせ、実際にSNSで使っている言葉をパネルで表示し、会話をさせる。

　7分

教材を読む

発問1　10分

「どうして敏和のツッコミに『僕』は笑えなかったのだろう？」

笑えなかった「僕」の心情に迫る

・生徒がどのように資料を受け止めたか、短く回答させる。
活動①　4～5人のグループで意見を交流させる
・4～5人のグループをつくり、代表の意見発表者を決める（全体の意見をまとめるのではなく、出た意見を全部出す）。
・3人の話を聞いているかどうかが表れていることをおさえる。
活動②　話し合いの結果をグループごとに発表する

発問2　10分

「敏和と次に将棋をするときに、『僕』はどのような態度で将棋をするのだろう？」

今まで相手に対してとっていた行動を見直す「僕」の気持ちをおさえる

活動③　ワークシートに記入する

発問3　7分

「人間として、『僕』が大切にしていかなければならないことは何だろう？」

さらに深く考えさせよう！

・発問1、2で、どのような場面でも相手に対して誠実な態度で接していくことの大切さに気づかせる。
活動④　「僕」の生き方について個人で深く考え、ワークシートに記入する
活動⑤　ペアで意見交換する

発問4 10分	どんなふうに，どんな思いで投げるか考えさせよう

「見えない相手に対してどんなボールを投げますか？」

① AとBの間に黒幕を張る。
② Aにバレーボール，ピンポン球，テニスボールの3種をBに予告なくAのタイミングでいろいろな落下地点に投げさせる。
③ Bには，ボールを絶対にキャッチすることだけを伝える。
④ Bにどのような思いでキャッチしたか聞く。
⑤ Bの意見を聞いてAはどのように思ったか聞く。

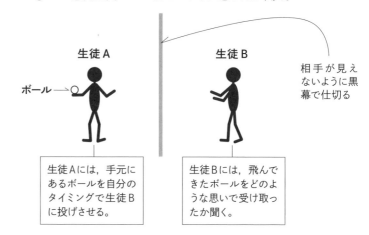

まとめ 3分

「自己評価をワークシートにまとめてみよう」

● 授業記録

中心発問	T：どうして敏和のツッコミに「僕」は笑えなかったのだろう？

S：逃げている自分がいて，自分の行動が情けなくなった。
S：みんなもやっていることだし，納得いかなかったから。
S：自分はつまらないのに，楽しくやっている敏和がうらやましかったから。
S：「負けました」と言える試合をしたことがないから。
S：「お願いします」「ありがとうございました」と言える試合をしたことがなく，自分が情けなくなってしまった。

発問3	T：人間として，「僕」が大切にしていかなければならないことは何だろう？ 隣の人と話してみよう。

S：相手のことを考えた上で動くこと。
S：正しい行いをすること。
S：素直になること。
S：礼儀正しく相手を思いやること。
S：勝負をしたからには，相手のことを考えて責任をもってやること。
S：見えない相手だからこそ自分にうそをつかないこと。

◆評価
自分にも他人にも，常に誠実でなければならないことを理解できたか。

◆生徒の授業感想
相手の気持ちになって物事を考えたことが少なかったので，今回の授業を通して見直すことができた。

◆広げる・つなげる教師の目

　『私たちの道徳 中学校』には，扱いやすい読み物教材が多数掲載されている。また，動作化することにより，起きている事象が可視化でき，生徒の理解度も上がったと感じられる授業となった。

＜ワークシート＞

ネット将棋 （生徒に配付する際，発問は掲載しない）

　　　　　　　　　　年　　組　　番　氏名

発問1
どうして敏和のツッコミに「僕」は笑えなかったのだろう？

発問2
敏和と次に将棋をするときに，「僕」はどのような態度で将棋をするのだろう？

発問3
人間として，「僕」が大切にしていかなければならないことは何だろう？

今日の授業を振り返ってみよう。

①今日の学習は自分のためになったか。（　　　　　　　　　　）

②今日の学習で新しい発見があったか。（　　　　　　　　　　）

③今日の資料はどうだったか。（　　　　　　　　　　）

④今日の学習の雰囲気はどうだったか。（　　　　　　　　　　）

対象学年
中学1年生

内容項目：A－(4) 希望と勇気，克己と強い意志

3 「小惑星探査機『はやぶさ』」における授業実践
あきらめない強い意志

関連項目：A－(5) 真理の探究

教材	「はやぶさプロジェクト」『私たちの道徳 中学校』文部科学省 ➡ 本書 P.120 映画「はやぶさ/HAYABUSA」2011「はやぶさ/HAYABUSA」フィルムパートナーズ 「小惑星探査機『はやぶさ』地球へ帰還」JAXA 宇宙航空研究開発機構

● 授業を行うポイント

・映画の活用
　ストーリーを把握させるために，映画を活用する。本編すべては140分と長時間に及ぶため，資料で全体の流れを把握した上で，「はやぶさ」が地球に帰還する終盤を生徒に見せる。

・座席配置の工夫　4人グループ，前向き
　グループトークのときはグループ形式，映像を視聴するとき，話し合った結果を全体で発表し合うときは前向きにし，それぞれの活動を行いやすくする。

・ダイヤモンドランキング法の活用
　「はやぶさ」が帰還をあきらめなかった理由を考えさせる際，ダイヤモンドランキング法を活用し，あきらめない強い意志の大切さに気づかせる。

● 考える道徳のポイント

　「はやぶさ」は，帰還までの間，さまざまな困難に直面したが，「どうしたらうまくいくだろうか」「困難を切り抜けられるだろうか」とあきらめずに試行錯誤することで，そのたびに乗り越えた。その「あきらめない心」の大切さに目を向けられるよう，ダイヤモンドランキング法を用いて，成功するために最も大切なものは何かを議論させる。

● 学習指導案

◆ねらい
　資料を通して，強い意志をもって困難や失敗を乗り越えて，着実にやり遂げようとすることの大切さに気づく。

準備するもの		
・映像（DVD）	・画用紙	・付箋紙
・ペン	・川口淳一郎氏と「はやぶさ」の写真	

授業展開

導入 　3分　ウォーミングアップ

川口淳一郎氏と「はやぶさ」の写真を見せる

・生徒の中には,「はやぶさ」を知らない生徒もいるので,「はやぶさ」の写真を用いると効果的。

17分　映像を見る

・資料を配り,簡単な登場人物の紹介と「はやぶさ」の解説をした上で,映画の終盤15分を見せる。いかに資料解説を短く映像に入れるかがポイント。

発問1　7分　川口さんの心情について,多角的に考えさせる

「『はやぶさ』との通信ができなくなったとき,川口さんはどのように考えただろう?」

・リーダーとして,動揺している,落胆している,自分の夢が消えてしまう(失意や脱力感)などの発言ができるよう,川口さんの立場で,多面的,多角的に意見を出させる。
・最も気持ちが沈んでいることを感じとらせる。

中心発問　発問2　13分　さらに深く考えさせよう！

「川口さんたちが『はやぶさ』帰還をあきらめなかったのは,何のためだろう?」

活動①　4人程度でグループトークをする
活動②　ダイヤモンドランキング法
・最初の3分は,個人で考えたことを付箋紙(黄色)に1フレーズで書き出す。
・次の3分で画用紙に付箋紙を張り出し,同じものは重ねる。
・最後の7分で重要度の高いものは上に,重要度の低いものは下にまとめる。

川口さんたちが「はやぶさ」帰還をあきらめなかったのは…
(7 班)

最も重要度が高い
　　　　情　熱
　　協　力　　ねばり強さ
日本の技術力　期　待　　努　力
　"世界初"の野望　　こだわり
　　　　お　金
最も重要度が低い

・あらかじめ,進行役・発表役を割り振る。全体に発表するときは,出た意見をすべて伝えさせよう。

| 発 表 | 5分 | ― | **発表させる** |

・グループごとに発表し，まとめた画用紙は黒板に張り出す。

| まとめ | 5分 | ― | **授業のまとめ** |

「はやぶさ」が帰還する様子を見せる
「授業の感想を書こう」

・「はやぶさ」が無事帰還する様子を生徒に見せて，あきらめなければ困難を乗り越えることができることを印象づける。

◆ **指導方法の解説**

・ダイヤモンドランキング法

いくつかある考えのうち，最も重要なものを考える際に有効な方法。キーワードを書き出し，その中身について考えることで，さらに議論が深まる。

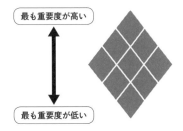

授業記録

 中心発問　T：川口さんたちが「はやぶさ」帰還をあきらめなかったのは，何のためだろう？

S1：私は技術力のおかげだと思う。日本には世界に誇る技術力の高さがあるからね。
S2：僕は周囲の「期待」があったからだと思うな。何万人もの人が名前を送ったりして期待していたから，途中で投げ出すわけにはいかなかったのだと思う。
S1：S3君は？
S3：「お金」のためだと思う。たくさんのお金をかけてやってるから，失敗は許されないのだと思う。
S4：私は宇宙や「はやぶさ」にかける「情熱」だと思う。川口さんは前回の「のぞみ」のときの失敗があるから，それこそ「絶対やってやる！」っていう気持ちだったんじゃないかな。
S2：今回のプロジェクトにはたくさんの企業や人たちが関わっているから「協力」じゃないかな。エンジンの専門家やカメラの専門家とか，いろんな専門家が関わっていたよね。
S3：あとは，ずっと以前からこのプロジェクトに向けてみんな努力してきていたから「努力」かな。
S1：こうして見ると，どれも「はやぶさ」を打ち上げる以前からの積み重ねっていうか，つながりがあるね。
S4：じゃあこれらを踏まえて，ランキングをつけてみよう。一番重要なものは何だろう？
S1：全部のおおもとは「情熱」だと思う。

◆ **評価**

困難に対してもあきらめずに立ち向かうために自己を奮い立たせる要因が，グループトーク中の発言や，ワークシートの感想などから考えられているか。

◆生徒の授業感想

　川口さんは「世界初」というすごい目標のために，あきらめずに頑張っていてすごいと思った。私は「自分初」をまず目標に，テストに向けて頑張りたい。

◆広げる・つなげる教師の目

　50分という短い時間の中では，「はやぶさ」プロジェクトの全体像を把握させることは困難。どの部分に絞って議論を掘り下げるかが授業のカギを握る。

＜ワークシート＞　※生徒に配付するときは，発問は抜いてもよい。

「はやぶさ」の帰還　　　年　　組　　番　氏名

1　川口さんの心情について。

2　川口さんはなぜ，あきらめなかったか。

メモ

授業の感想

対象学年
中学3年生

4

内容項目：A－(4) 希望と勇気，克己と強い意志

「宇宙兄弟」における授業実践
目標の実現

関連項目：A－(1) 自主，自律，自由と責任　A－(2) 節度，節制
　　　　　A－(3) 向上心，個性の伸長　C－(15) よりよい学校生活，集団生活の充実

©小山宙哉／講談社

| 教 材 | 「目標を目指しやり抜く強い意志を」「理想通りにいかない現実もある」「宇宙兄弟『内なる敵』場面絵」『私たちの道徳 中学校』文部科学省　➡本書 P.121 |

🟢 授業を行うポイント

・漫画などの挿絵，グラフの活用

　長い読み物教材は話の構成が複雑であり，内容整理だけでも時間がかかってしまう場合がある。事実に基づいたグラフ，多くの生徒が知っている漫画の場面絵，また短い詩やコラムの活用は，短い時間で生徒への道徳的諸価値に関わる問題提起をすることで，その内容を伝えることができる。特に「宇宙兄弟」は，多くの生徒がその内容を知っており，身近なものとして考える。

・ペアトーク，グループトークを活用

　自分の意見を発表しやすいように，最小集団のペア（2人）トークを行い，その後，全体で共有する。グループトーク（3〜4人）も同様に，グループトークの後に全体共有を行う。他者の意見を聞き，自分の異なる見方，考え方にふれることがポイント。

🟢 考える道徳のポイント

　他の人は順調に日々の学校生活を送っていると思っていても，誰にでも目標を達成させるためには，共通の課題があることを認識させて「強い意志」をもたせる。

🟢 学習指導案

◆ねらい

　グラフや挿絵などさまざまな視点から，自分の目標を達成させるために，自分の弱さに打ち勝つ態度が必要であることを考えさせる。

準備するもの
・南波六太の拡大した場面絵
・ワークシート

授業展開

導入 3分 — ウォーミングアップ（グラフについて）

「これからどんな目標をもって生きたいかのグラフについて考えよう」

- ここではペアトークを行い、互いの感想を述べた後に全体に発表させる。国によってあまり大きな差が出ていないことや、物欲的なことより、自分の趣味を生かしたり、のんびり暮らしたいという項目がどの国も高いポイントになっていることなど、いろいろな捉え方ができる。

5分 — 教材を読む

- 『私たちの道徳 中学校』P.18「内なる敵」を読む。

発問1 7分 — 「　」に言葉を入れる

「吹き出しにはどんな言葉が入るのだろう？」

最後の2行（自分の……）は読まない。
- 数名の生徒を指名し、吹き出しに言葉を入れて、その意図を聞く。教師が「俺の敵は？」とそれぞれの生徒に聞いて、その理由も考えさせ、答えさせる。目標を達成させたいと誰もが思っているが、阻害要因があることを理解させることがポイント。

中心発問 発問2 15分 — 目標に向かい続ける心とは？（グループトーク）

「自ら決めた目標を達成させたいときに、大切にしなければならないのはどんなことだろう？」

- 「理想通りにいかない現実もある」を音読し、自ら決めた目標を達成させるために大切なことは何か話し合わせ、主体的に行動できる態度を考えさせる。

ワンポイント！

4人程度でグループトークをさせ、それぞれが考えたことを発表させる。あらかじめ進行役を決め、進行役が全体へ発表することを伝える。全体に発表するときは、出た意見をすべて伝えさせる。詳細に伝えることで、話し合ったことが全体の話し合いへとつなげられる。

発問3 15分 — さらに深く考えさせよう！

「アイルランドのことわざ『壁や帽子、投げる行為』にはどのような意味があるだろう。また、その先に見たいものは何だろう？」

- 発問2と同様に、話し合いの後に発表させる。また、目標を達成させるためには、どのようなことが大切か考えさせる。

まとめ 5分	授業を通して気がついたことや，友達の意見を聞いて思ったことなどを書く
「授業の感想を書こう」	

◆指導方法の解説

・ペアトーク

話し合い活動をさせるための最小単位である。思ったことを全体に発表させる前に，横にいる友達と伝え合うことで，全体に発表しやすくなる。

・グループトーク

話し合わせたい中心場面で行うことにより，多様な意見を引き出すことができる。
発言のない生徒も言える機会として利用する。

● 授業記録

T ：ここで，理想通りにいかない自分にどんな敵があるのかな？
S1：僕は「だいたい運」です。やりたいことがあっても邪魔されてペースが狂ったり，突発的なことでできなくなったり。
S2：私は「過去」です。過去と今を比べることが嫌なのに，比較してしまう自分のことが嫌になります。
S3：僕は「欲」です。勉強をするときにすぐにやらなくてはいけないのに，漫画やゲームが邪魔することになる。（S3は学年のリーダー的存在で周囲からの信頼もあつい。）
T ：どんなゲームなの？
S3：サッカーとか。
（周囲「オー」）

中心発問 T：自ら決めた目標を達成させたいときに，大切にしなければならないのはどんなことだろう？
S3：目標が正しいか見極めることと，どんなふうに達成するか。
S4：あきらめない心をもつこと，「強い意志」です。
T ：強い意志をもつって，どんなことかな？
S4：負けそうになっても，やり通そうとする思いをもつことかなと思います。
T ：さっき「過去」と答えた人がいたよね。
S5：概念を断つ。過去が嫌なら，そこから断つことができればいいと思う。

◆評価
　目標を達成させるために困難や失敗を恐れず，最後までやり抜こうとする意志をもつことの大切さがグループトークや全体での発言から見られたか。

◆生徒の授業感想
・自分の敵についてなど意識しようとせず向き合うこともなかった。今回の授業を受け，そのことをしっかり考えることができた。
・みんなも同じ環境にあることが分かった。

◆広げる・つなげる教師の目
　『私たちの道徳 中学校』には，読み物教材だけでなくコラムや詩などメッセージ性の高いものが多く載せられている。主題を明確に考え，指導を工夫することで考える道徳授業が展開できる。

＜導入で使える資料例＞

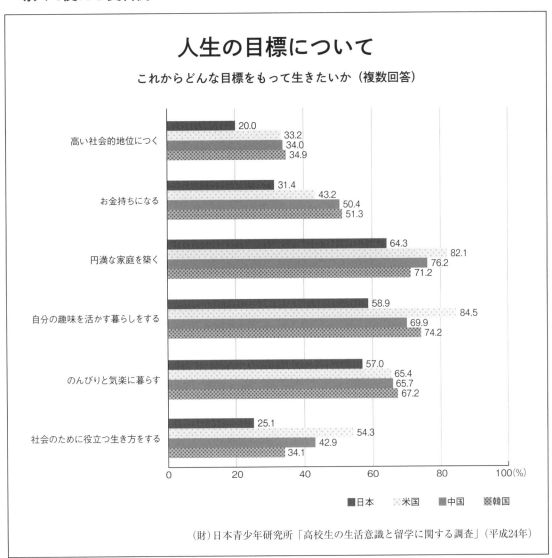

(財)日本青少年研究所「高校生の生活意識と留学に関する調査」（平成24年）

対象学年
中学2年生

内容項目：A－(5)真理の探究

5 「湯川秀樹」における授業実践
理想の実現

関連項目：A－(4)希望と勇気，克己と強い意志

教 材 ｜ 「人物探訪 湯川秀樹」『私たちの道徳 中学校』文部科学省 ⇒ 本書 P.121

● 授業を行うポイント

・4人組での話し合い（ワールドカフェ）
　「近頃の学生は『はっきりしてへんことは聞かんでもええ』と言うんや。」と湯川秀樹がぼやいたことについて問うた後，話し合いを4人組で行う。その後，ワールドカフェ方式を用いて多くの考えを共有させる。そして，湯川秀樹がどのような生き方を求めていたのか学級全体で話し合う。

・教科関連の視点
　分子や原子については，理科の授業で学習する。これらの内容を事前に理解しておくと，湯川秀樹の気持ちについて，より考えやすくなる。

● 考える道徳のポイント

　自分の将来に向かって理想を求める傾向が強くなってくる中学生の時期に，目標をもち，よりよく生きようとする積極的な態度を育てることは重要である。
　湯川秀樹は，自分の決めた目標に向かって研究を続け，その理論が認められるまであきらめずに真理を探究することで，ついにはノーベル賞の受賞に至った。湯川秀樹の考え方にふれることで，理想の実現をめざして自己の人生を切り拓いていくことの大切さに気づかせたい。

● 学習指導案

◆ねらい
　湯川秀樹の生き方について考えることで，理想を実現する大切さについて，自己の生き方と関わりをもって考えようとする態度を育てる。

準備するもの
・湯川秀樹の写真 （『私たちの道徳 中学校』を活用してもよい）

42

授業展開

導入 5分 — ウォーミングアップ

「『探究の精神が導いたノーベル賞－湯川秀樹－』を読んで思ったこと，考えたことを発表しよう」

・「探究の精神が導いたノーベル賞－湯川秀樹－」は授業を行う前に宿題として読ませておく。朝読書などを実施している学校は，その時間に読ませてもよい。思ったこと，考えたことに関しては，何人かに発表させるか事前に書かせたものを教員が抜粋して紹介してもよい。

 5分 — **教材を読む**

発問1 5分 — 湯川秀樹の言葉について考えさせよう

「湯川秀樹の自伝にある『未知の世界を探究する人々は（　）を持たない旅人である。』という文章の（　）に当てはまる言葉を考えてみよう」

・「コラム人物探訪　湯川秀樹」は，資料の中にある「未知の世界を探究する人々は地図を持たない旅人である。」という言葉の中の「地図」の部分を消し，プリントとして生徒に配って読み聞かせをする。

活動①
・学級全体で（　）に当てはまる言葉をどんどん挙げさせ，板書していく。ここでは（　）に当てはまる言葉は教えず，次の発問に移る。

発問2 8分 — 湯川秀樹の"ぼやき"から見える思い

「近頃の学生は『はっきりしてへんことは聞かんでもええ』と言うんや，と湯川秀樹がぼやいたことは，湯川秀樹自身のどのような思いを伝えたかったのだろう？」

活動②
・ワークシートに自分の考えを記入させた後，4人組で話し合いをさせる。発問1の話し合いが進んだら，そのまま中心発問を投げかけて話し合わせる。ワークシートには「メモ欄」を作っておき，話し合った内容を記録させるとよい。

中心発問 発問3 20分 — さらに深く考えさせよう！

「教材の文章から考えて，湯川秀樹はどのような生き方を求めていたのだろう？」

・中心発問の話し合いが進んだら，ワールドカフェ方式を取り入れ，さらに多くの考えにふれられるようにする。

まとめ 7分 — 理想を実現する生き方について考えたことをまとめさせる

◆ 指導方法の解説
・ワールドカフェ
　ワールドカフェは，何人かの会議での討論のやり方の一形式。企業研修などでも行われている。ワールドカフェに要する時間はおおむね20分である。それを道徳の時間の話し合い活動向けに一部修正して，短い時間で行えるようにしている。

> ワールドカフェの流れ
> ①グループの中から「旅人」を１人決めさせる。「旅人」は，別のグループへ移動し，自分のグループで話し合った内容を他のグループへ伝えるとともに，他のグループで話し合った内容を聞いて自分のグループへ伝える役割を担う。
> ②「旅人」に「５分で３グループ以上回ってきなさい。」と指示を出して，いろいろなグループを回らせる。
> ③５分経ったら，「旅人」を自分のグループに戻らせ，他のグループで話し合った内容を自分のグループのメンバーに伝えさせる。
> ④必要に応じて全体で考えを共有する時間を設ける。

● 授業記録

中心発問　Ｔ：教材の文章から考えて，湯川秀樹はどのような生き方を求めていたのだろう？

Ｓ１：湯川先生は，常にあきらめないことを貫いて生きてきたのだと思います。周りからどのように思われても最後まであきらめずに研究し続けたからこそ，最後にはノーベル賞受賞という偉業を成し遂げられたのだと思います。
Ｔ　：なるほど，確かに最後まであきらめないという姿勢が見て取れますね。Ｓ１さんと同じようなことを考えた人はどのくらいいますか。
（教室の６割程度の生徒が手を挙げる）
Ｔ　：（手を挙げていない）Ｓ２さんはどのように考えますか。
Ｓ２：湯川先生は，分からないことこそ大事にしようとしていたのだと思います。あきらめない姿勢は，その思いがあったからだと思います。
Ｓ３：湯川先生はいろいろなことに好奇心をもつことが大切であると考えていたんじゃないかな。「なぜだろう」「不思議だな」と疑問をもつことは，自分を成長させる種で，それを育てる気持ちがあきらめないことにつながっているのだと思う。
Ｓ１：そうか，あきらめないという気持ちは，そういうことからつながっているのか。

◆ 評価
　理想の実現をめざして自己の人生を切り拓いていくことの大切さについて考えているのが，話し合い活動やワークシートの記述から見られたか。

◆ 生徒の授業感想
　ノーベル賞をとる人は，頭がよいのではなく，努力をすることや，答えを求めることをやめない人だと思った。好奇心とは，人をどこまでも成長させていく大切なものだと思った。

◆ 広げる・つなげる教師の目
　文章の長い資料（湯川秀樹の伝記など）は事前に読ませておき，本時にそれに関連する他の資料を用意して考えさせる。予習のように授業前に資料を通読することは，長文資料を有効活用する方法の一つとして，他の事例でも活用したい。

<ワークシート>

探究の精神が導いたノーベル賞　湯川秀樹

年　　組　　番　氏名

話し合いメモ欄

○「未知の世界を探究する人々は，地図を持たない旅人である。地図は探究の結果としてできるのである。」という言葉から，湯川秀樹はどのような生き方を求めていたのだろうか。

○ 本時の学習で，学んだこと，考えたことを書こう。

○ 今日の学習について振り返って，簡潔に書こう。

資料はよかったか	
友人の考えに触れることはできたか	
深く考えることができたか	
自分を振り返ることはできたか	

45

対象学年
中学1年生

内容項目：B−(6) 思いやり，感謝

「キタジマくんからのメッセージ」における授業実践
感謝を伝える

関連項目：A−(3) 向上心，個性の伸長　A−(4) 希望と勇気，克己と強い意志

教材	「キタジマくんからのメッセージ」『中学道徳1 明日をひらく』東京書籍 ➡ 本書 P.122

● 授業を行うポイント

　中学生は，自立心の高まりとともに，日々の生活の中で自分を支えてくれる人の存在に気づく時期である。しかしその一方で，感謝の気持ちを素直に伝えることの難しさも感じている。

　多くの人の支えのもとに，日々の生活が成り立ち，現在の自分があること，それに気づいたとき，感動や喜びがおのずと感謝の心となってあらわれることへの理解を深めたい。そして，自分の心の中にある感謝の気持ちを素直に表現し，それが相手の心に届くことによって，よりよい人間関係が築かれるものであることを感じさせたい。

　本時の終末では，お世話になった小学校の先生への感謝の気持ちを表現し，それを届けたり受け取ったりする活動を取り入れる。

● 考える道徳のポイント

・感謝を伝える体験
　実際に，友人や家族など身のまわりの人に向けて感謝の思いを伝えるカードをつくり，その1つとして小学校の担任の先生へカードを届ける。カードを書いたときの気持ちだけでなく，受け取ったときの気持ちにも目を向け，感謝を伝えるときの清々しさや，感謝を伝えられたときの嬉しさも確認させ，思いを言葉にすることの大切さを感じ取らせたい。

● 学習指導案

◆ねらい
　周りの人々の善意や支えがあって，今の自分があることに感謝し，それに素直にこたえ，感謝の思いを伝えようとする態度を育てる。

準備するもの
・運動会などの行事でリーダーとして活動した生徒の感想文
・北島康介の写真，アテネ・北京オリンピックでのインタビュー動画
・メッセージカード（色画用紙を切ったもの）

授業展開

導入 3分 ─── ウォーミングアップ

運動会のリーダーのコメントを紹介
- 行事で頑張っていた生徒（運動会のリーダー）の感想文などを簡単に紹介する。素材には，うまくいかなくて苦労したことや感謝の気持ちが入っているものを選ぶ。

7分 ─── 教材を読む

発問1 5分 ─── 教材を深く読む

「北島選手は，今の自分があることをどう思っているだろう？」
- 資料を渡す前に，ねらいについて意識させる言葉かけをする。
- 北島選手の写真を提示し，紹介する（シドニー，アテネ，北京，ロンドンと4大会連続でオリンピックに出場。金4個，銀1個，銅2個のメダルを獲得）。

発問2 5分 ─── 周りのサポートに気づかせる

「北島選手は何に支えられて今の自分があると思っているだろう？」
- 北島選手自身の素質や努力以外に，周りのサポートがあったことに気づかせる。
- 選手として多角的な視点で考えられるよう助言する。

中心発問
発問3 12分 ─── さらに深く考えさせよう！

「このとき，北島選手が言いたかったことを考えよう」
- 北京オリンピックで金メダルを獲得したときのインタビュー動画を見せる（涙で言葉を詰まらせながら，「何も言えねぇ…」という場面）。

活動① 4人程度のグループトーク
- 北島選手のインタビュー（思い，言いたかったこと）を考える。ホワイトボードやA3用紙に書かせ，黒板に掲示する。どんな思いを込めてその文章にしたか，理由も発表させる。

発問4 15分 ─── 今伝えたい思い！「小学校でお世話になった先生へ」

「感謝のメッセージカードを書こう」

> **ワンポイント！**
> 普段，なかなか言葉にしていない感謝の気持ちをカードにして伝える。
> 1. メッセージカードを1人1枚ずつ用意し，感謝を伝えるカードを作成させる。
> 2. 気持ちが伝わるか読み直し，どのようなときに訪問し，渡したらよいか考える。

活動② 4人程度のグループトーク
- どのようなときに訪問して渡すのがよいか検討する。

47

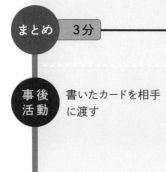

まとめ 3分 ― 思いを伝える言葉と,その機会の大切さをおさえる

事後活動 書いたカードを相手に渡す

> **ワンポイント！**
> 感謝を「伝える」ことへの配慮の大切さも含め,実際にカードを渡す。カードを受け取った小学校の先生の感想を,学級通信などで紹介するとよい。

● 授業記録

中心発問
(北京オリンピックで金メダルを獲得したときのインタビュー動画を見せる)
T：このとき,北島選手が言いたかったことを考えよう。

T：北島選手は言葉を詰まらせていましたね。いろいろな思いをもっていそうです。このとき,北島選手はどんな気持ちだったと思いますか？
S1：努力した成果が出て,やったぞーという気持ち。
S2：念願が叶って嬉しい。
T：北京の前のアテネオリンピックでは,同じく金メダルをとったときに何と言っていたか知っていますか？
S3：チョー気持ちいい。
T：(アテネオリンピックでのインタビュー動画を見せる)北京とアテネでは,ちょっと感動の様子が違いますね。何が違うのでしょう。
S4：アテネのときは,ただ1位になって嬉しい気持ちを爆発させているだけだけど,北京のときは,想像ですが,もっとつらいことを乗り越えてとれた1位で,嬉しさをかみしめている感じがします。

T：北島選手は,このインタビューのとき,誰にどんなことを言いたかったと思いますか。北島選手の思いを,みんなが言葉に変えてください。できるだけ,具体的に書いてみましょう。
(班での話し合いの様子)
S5：「みんなありがとう」って感じ。
S6：応援してくれて？
S7：あと,支えてくれて。平井コーチとか,練習をサポートしてくれた人。家族も入るでしょ？
S8：「この金メダルは,コーチや家族,支えてくれた人がいたからとれました。」でいい？
S5：アテネのときは,結果だけで嬉しかったけど,今回はその過程が一番大事だったって思ったんだよ。きっと。
S6：じゃあ,「ここまでの過程が金メダルだと思います。支えてくれた人みんなでとれたものだと思います。」
S7：そして,最後に「みんな,ありがとう」って入れよう。
T：それでは各グループで発表して下さい。

◆評価
・感謝を言葉にして相手に伝えることの大切さが,ワークシートや発言の中に見られたか。
・ふだんは口にできていない相手や,お世話になった小学校の先生へ感謝の言葉をメッセージカードに書くことができたか。
・その感謝のメッセージカードを届ける相手への心遣いについて考えることができたか。

◆生徒の授業感想
〈 メッセージを書いて 〉
「ありがとう」って思っていてもなかなか言えない言葉だけど，この授業でふだんは言えない人（親）に感謝の言葉を伝える大切さが分かった。

◆広げる・つなげる教師の目
　ふだんから，生徒たちは互いに感謝し合っているはずだが，改めて感謝の言葉を書かせると黙々とメッセージを書いていた。あたたかな時間である。本資料は，生徒たちもよく知っている選手であり，内容も共感しやすいものであるので，前半の発問は速やかに進め，後半の活動場面の時間を十分に確保したい。
　また，事後活動になるが，メッセージをもらったときの気持ちや，互いの表情にも気づかせたい。

<ワークシート>

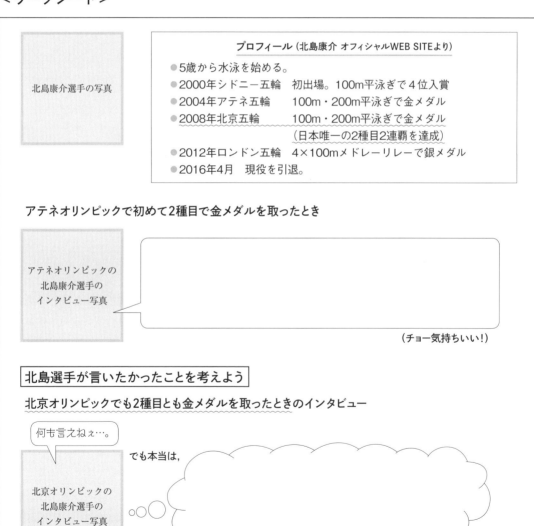

対象学年
中学2年生

7

内容項目：B－(8) 友情，信頼

「泣いた赤鬼」における授業実践

友情

関連項目：D－(22) よりよく生きる喜び

教材 │ 『泣いた赤鬼』小学館　文：浜田廣介　画：浦沢直樹

● 授業を行うポイント

・ICT教材の活用

　生徒には，本文を配らず，絵本をスキャンし，電子黒板にカラーで画像を映しながら範読する。浦沢直樹氏が描いたイラストを大きな電子黒板に映して授業をすることにより，生徒が絵本の世界に入り込みやすいようにする。

・ワークシートの工夫

　事前に質問事項を生徒が知っていることにより，予測してワークシートを書いてしまうことがないように，質問項目は記載せずに配付する。質問事項は電子黒板に投影したり，発問カードなどで掲示する。

● 考える道徳のポイント

　赤鬼のことを思う青鬼の気持ちを考えさせることを通し，互いに理解し信頼し合って友情を深めていこうとする心情を育てる。長い資料なので，中心場面で道徳的価値について話し合う時間が十分とれるように，本時では，主な場面ごとに挿絵を電子黒板で提示しながら語り聞かせる。青鬼の手紙を二度も三度も読んで，しくしくと涙を流して泣いている「赤鬼の涙は何だったのだろう？」と問い，赤鬼の思いを追体験しながら，友情の価値や尊さを考え，ねらいとする道徳的価値に迫りたい。

● 学習指導案

◆ねらい

　赤鬼のことを思う青鬼の気持ちを考えさせることを通し，互いに理解し信頼し合って友情を深めていこうとする心情を育てる。

準備するもの
・電子黒板
・ポイントで用いる挿絵の画像
・ワークシート

授業展開

導入　3分 — ウォーミングアップ

「朋あり遠方より来る」を紹介する

・「朋あり遠方より来る」のイメージを聞こう。自由に発言し，朋友への意識を高める。

15分 — 教材を読む

・「泣いた赤鬼」を読む。物語を味わう。
　実際の作品は長文なので，省略する必要がある。

発問1　3分 — 青鬼の申し出であっても，自分（赤鬼）のために青鬼を殴ることに思いを馳せる

「赤鬼は青鬼を殴りながら『もういい，早く逃げたまえ』とささやいた。赤鬼と青鬼の思いはどのようなものだっただろう？」

中心発問　発問2　10分 — 青鬼の手紙を再度読む

「赤鬼の涙は，何だったのだろう？」

・涙を流しながら青鬼のことを考えている赤鬼の気持ちを考える。

> **ワンポイント！**
>
> 自分の思いをしっかりもたせるために，ワークシートに短い文で書かせてから発表させる。

発問3　5分 — 青鬼の立場に立って考える

「青鬼の望みは，何だったのだろう？」

・青鬼の行動や手紙から，その思いを考えよう。

発問4　10分 — さらに深く考えさせよう！

「私たちにとって友情とは何だろう？」

・赤鬼の求めたものと失ったものが想起できるように補助発問する。
・友情とは何か，より深い考えに立つように助言する。

> **ワンポイント！**
>
> 赤鬼と青鬼の友情から学んだことを関連づけ，自分たちの真の友情を築いていきたいという意欲をもたせる。

まとめ 4分 — 授業のまとめ

・友情は成長の遅い植物である。それが友情に値するまでには困難な場面に打ち勝たねばならない。

● 授業記録

中心発問　T：赤鬼の涙は，何だったのだろう？

S1：さみしいから。
T　：何で？
S1：友達がいなくなったから。
S2：助けてくれた友達がいなくなってしまったから。
S3：お礼をしていないから。
S4：手紙を見て，そこまで自分のことを思っていたんだと思ったから。
S5：自分が人間と友達になりたいからという理由で大切な友達を悪者にして人間の友達をつくったから，ちょっと後悔している。自分にはいろいろやってくれたのに，恩を返せなかった。

S6：罪悪感。自分のために犠牲になってくれたのに，青鬼という友達と離れることになってしまったから。
T　：人間からは嫌われるし，赤鬼という友達もなくすし，何でそこまでしてそんなことをするの？
S7：赤鬼に友達をつくってほしかったから。
S8：青鬼を大切にする気持ちよりも，友達をつくりたいという気持ちが勝ってしまったから。それを後悔しているから。もっと青鬼の気持ちを分かってあげればよかった。

発問3　T：青鬼の望みは，何だったのだろう？

S　：人間と友達になりたい。
S　：心を許せる仲間がほしい。

◆評価
・赤鬼や青鬼の姿を通して友情の尊さを感じることができたか。
・自分なりに友情を築いていこうとする意欲をもつことができたか。

◆広げる・つなげる教師の目

　クラスや部活動など，これからの学校生活のさまざまな場面で，より深い友人関係・人間関係を育んでいこうとする姿勢を継続的に支援する。

<ワークシート> ※生徒に配付するときは，発問は抜いてもよい。

泣いた赤鬼

年　　組　　番　　名前　_____

①赤鬼は青鬼を殴りながら「もういい，早く逃げたまえ」とささやいた。
　赤鬼と青鬼の思いはどのようなものだったか。

_____

_____

②赤鬼の涙は，何だったのだろうか。

_____

_____

③青鬼の望みは，何だったのだろうか。

_____

_____

④私たちにとって友情とは何だろう。

_____

_____

感想を書こう。

①今日の学習は自分のためになったか。
（　　　　　　　　　　　　）

②今日の学習で新しい発見があったか。
（　　　　　　　　　　　　）

③今日の資料はどうだったか。
（　　　　　　　　　　　　）

④今日の学習の雰囲気はどうだったか。
（　　　　　　　　　　　　）

友情は，人間関係の中で最も洗練され，そして純粋な美しいものの一つだと思う。

本田宗一郎（1906-1991）

対象学年
中学3年生

内容項目：C-(10) 遵法精神，公徳心

「二通の手紙」における授業実践

法やきまりの遵守

関連項目：D-(22) よりよく生きる喜び

教 材 | 「二通の手紙」『中学道徳3 明日をひらく』東京書籍 ➡ 本書 P.123

● 授業を行うポイント

・心情円盤を活用した話し合い活動

　「規則を知っていながら，姉弟を園内に入れた元さんのことをどう思いますか？」という発問について，共感できる度合いを心情円盤で示した後，4人組で話し合いをさせる。その後，元さんが初めて考えさせられたことを学級全体で話し合わせる。

　発表については心情円盤を相手に見せた上で，共感できる理由と，共感できない理由を話させる。そのようにすることで，心情円盤が同じような度合いであっても，理由が微妙に異なる部分が発生して，話し合いをより深い部分まで発展させることができる。

● 考える道徳のポイント

　中学生の時期は，社会のしくみ，法やきまりの意義についてもある程度理解できるようになってくる。確かな義務感と潔い正義感を身につけ，日々力強く生活している生徒も少なくない。

　元さんが，規則を知っていながら幼い姉弟を園内に入れてしまったことについて，さまざまな考えにふれさせた上で，元さんの「この年になって初めて考えさせられること」を考え，法やきまりは自分たちの生活や権利を守るためにあり，それを遵守することの大切さを実感させたい。

● 学習指導案

◆ねらい

　法やきまりの大切さを理解して遵守し，秩序と規律ある社会を実現しようとする心を育てる。

準備するもの
・場面絵 （『私たちの道徳 中学校』を活用してもよい） ・心情円盤（生徒数分）

授業展開

導入 5分 — ウォーミングアップ

「学校生活にきまりがあることや、きまりを守らなければいけないことについて、どう思いますか?」

・長い時間をかけず本資料への興味・関心を高めさせるため、何人かに考えを発表させ、全体で考えを共有させる。

10分 — 教材を読む

発問1 10分 — 心情円盤を使って、元さんの行動について考えさせる

「規則を知っていながら、姉弟を園内に入れた元さんのことをどう思いますか?」

活動① ワークシートに記入する
活動② 心情円盤を用いて話し合う

・心情円盤を活用して、4人組で話し合いをさせる。心情円盤には、元さんに共感できる割合(ピンク色)と、共感できない割合(青色)を示させる。そして、心情円盤を相手に見せながら発表させる。

中心発問 発問2 15分 — 「この年になって初めて考えさせられることばかりです。」と言った元さんの思いを考えさせる

「二通の手紙を前に、『この年になって初めて考えさせられることばかりです。』と言う元さんは、どんなことを考えていたのだろう?」

・発問1での話し合いが進んだら、そのまま中心発問について生徒に投げかける。ここでは、自分の考えをワークシートに記入させなくてよい。発問1である程度話し合いをする雰囲気づくりができているので、話し合いができるはずである。ワークシートにはメモ欄を用意しておき、必要に応じてメモをとらせるとよい。

まとめ 10分 — さらに深く考えさせよう!

「身近なきまりを1つ挙げ、どうしてそのきまりができたのか考えてみよう」

・学級全体で話し合わせる。その際、4人組で話し合った内容に関連させて発表させるとよい。教師は、生徒が発表したことについて、どのように思ったのか他の生徒に話を振るなど、話し合いを進めるコーディネーターの役割を務める。

◆ 指導方法の解説

・心情円盤

　心情円盤は，円形に切り取った2色の色画用紙を用意して，それぞれ半径に切り込みを入れて合わせると，つくることができる。自分の考えを視覚化して話し合うことができるため，さまざまな資料での話し合いに活用することができる。

> 使い方のポイント
> 利　点：生徒の内面に起こる，価値に関わる葛藤を示し，心の動きを「割合」として表すことができる。
> 注意点：対立する価値の重みを考えさせるのか，1つの価値に対する思いを示すのか，扱いの趣旨を明確にする。

● 授業記録

まとめ　T：身近なきまりを1つ挙げ，どうしてそのきまりができたのか考えてみよう。

S1：先生は，教室で物を投げている人を見かけると必ず注意します。教室で物を投げることは，周りの人に当たってしまう危険性があることは分かっているのですが，「これくらいいいじゃないか」と考えてしまいます。ただ，今日の話し合いで，2人の姉弟が危険な目に遭ってしまったことにふれ，その考えが甘い考えであることを実感しました。

T：確かに，何かあってからでは遅いですからね。S2さんは，今の話を聞いてどう思いましたか。

S2：私も，きまりは周りの人を守るためにあると思います。また，それだけでなく，自分自身を守るためにきまりがあるのだとも考えます。

T：どうしてそう思ったのですか。もう少し詳しく聞かせてください。

S2：話し合いのときに，私も40％くらいは元さんが規則を破ったことに共感していました。しかし，S3さんが「元さんも，自分の人生を棒に振ってしまったよな」と言っていて……。

T：なるほど。では，S3さんは，元さんにどのくらい共感できたのですか。

S3：僕は20％くらいしか共感できませんでした。確かに，姉弟が喜んでくれたり，母親から感謝の手紙をもらったりしました。でも，もしかしたら元さんも，姉弟も，母親も不幸になる結末になっていたかもしれません。

◆ 評価

　きまりがあることの意義，きまりを守ることの大切さについて，話し合い活動やワークシートの記述から確認することができたか。

◆ 生徒の授業感想

・きまりは「これくらいなら……」という甘い気持ちを正すためにあるのだと思いました。
・元さんの気持ちも分かるけど，守らないといろいろな人が不幸になってしまうかもしれないと思いました。

◆ 広げる・つなげる教師の目

　「二通の手紙」では，姉弟やその母親に喜ばれたので，それでよいではないかと思う生徒も多くいる。もし，そのような資料を扱う場合は，話し合い活動を利用して，生徒自身が気づけるよう工夫していきたい。

＜ワークシート＞

二通の手紙

年　　組　　番　　氏名

① 規則を知っていながら，姉弟を園内に入れた元さんのことをどう思うか。

　　心情円盤に表わしてみよう。
　　　ピンク色→ Yes (共感できる・入れてあげてよかった　など)
　　　青色→ No (共感できない・入れないほうがよかった　など)

○ 自分の考えは

○	理由

○ 周りの人の考えは

○	
○	
○	

○ 話し合いを終えて，改めて自分の考えは

○	理由

② 二通の手紙を前にして

③ 身近なきまり・どうしてそのきまりができたのか

対象学年
中学2,3年生

内容項目：C−(10) 遵法精神，公徳心

9 「缶コーヒー」における授業実践
公徳のモラル

関連項目：B−(6) 思いやり，感謝

| 教 材 | 「缶コーヒー」『中学道徳 3 明日をひらく』東京書籍 ⇒ 本書 P.124
メトロ文化財団のマナーポスター |

● 授業を行うポイント

　ボリュームを大きくして音楽を聴くなどの行為は，明らかにOL（オフィス・レディ）の側に問題がある。しかし，年下の「私」としては，きっぱりものを言いにくい。このようなとき，いくら「私」にルールを守ることの大切さが分かっていても，実際にどうすればいいのか，また，それを実行に移すための技能がなくては手をこまねいているだけに他ならない。そのため，まずは三者（私，OL，おばさん）の立場でロールプレイを行い，気まずさを感じた上で，生徒自身が「どうすればよかったのか」を自分で考え，その有効性をロールプレイで検証できるようにする。

● 考える道徳のポイント

・ロールプレイ
　演じてみるだけでなく，それを見ている傍観者の立場としての意見を引き出しながら，「自分ならどうしただろう」と，自分にも起こりうる場面であることを認識させる。
・グループトーク
　たくさんの意見やアイデアにふれながら，自分自身の考えを深めていく。
・ICTを活用
　時間短縮や，生徒がイメージをもちやすくするため，ポスターや場面絵，資料もパワーポイントにまとめ，画面に映し出しながら授業を進めることで，考える時間や議論する時間を確保する。

● 学習指導案

◆ねらい
　公徳のモラルについて考えることは，一人ひとりが社会全体に目を向け，互いが安心して生活できる社会をつくっていこうとする精神が必要であることに気づかせる。

準備するもの
・ホワイトボードとマーカー 　（グループ数分） ・空き缶やイヤホンなど，できるだけ 　実際の場面を再現できる小道具と衣装

授業展開

導入 3分 — ウォーミングアップ

「『家でやろう。』のポスターを見て考えよう」

・ポスターを用いて，何を訴えようとしているのかを考えさせ，電車内でのマナーについて考えさせる。

8分 — 教材を読む

発問1 6分 — 教材を読み，考えさせる

「三者について，それぞれどう思いますか?」

・「OLはひどい」「女子高生がかわいそう」「自分だったら怒る！」など，感じたことを発言させる。
・この後に，どうすればよかったのかを考えさせるので，発言に対してはうなずきながら聞く程度でよい。

中心発問
発問2 18分 — ロールプレイで考えさせる

「どうすれば，心配していたことが現実にはならなかっただろうか考え，実際にやってみよう」

「グループで話し合い，自分の考えや気がついたことをまとめよう」

活動①　デモンストレーション
・OLを教師，女子高生とおばさんをあらかじめ指名した生徒が演じる。

活動②　グループで話し合う
・グループ（3〜4人）で，OLにどのようにアプローチするのがよいか考えてホワイトボードに書かせ，黒板に掲示させる。

活動③　ロールプレイをする
・教師がOLとなり，グループの代表が演じていく。教師が予想外の反応をしたり，困らせたりすることで，体験的に学べるようにする。言い争いのような状態になるが，それが周囲にどんな影響を与えるのかも考えさせたい。

発問3 10分 — さらに深く考えさせよう！

公徳心に関連する記事があれば活用する

・ポスター「またやろう。」「家でやろう。」を画面に映し，状況に応じて自分で考え，行動に移せる人でありたいことを伝える。
・ワークシートを集め，記入内容を教師が選んで意見をシェアするのもよい。

まとめ 5分 — 気づいたことや感じたことを発表させる

◆ 指導方法の解説

・ロールプレイ（役割演技）

　生徒が演技しやすくするために，道具（今回は椅子や小道具）を準備する。内容を理解させた後，台詞や表現はできるだけ内容に沿ったデモンストレーションを行う。その後，想定を越える内容となるように教師が意図的に介入して演技に入ることで，何が問題か明確にしていく。

授業記録

 T：どうすれば，心配していたことが現実にはならなかっただろうか考え，実際にやってみよう。

S1：……すみません，コーヒー倒れそうなんですけど……。

T　：……（聞こえていないふりをする）

S1：（軽く膝に触れながら）すみません，コーヒー倒れそうなんですけど……。

T　：（イヤホンを外して，少し冷たい態度で缶コーヒーを手前に引く）

S2：そんな態度されたら，自分なら怒り出しちゃうかもしれない。

T　：では，怒り出してみてください。

S2：何だよ，人がせっかく教えてやってるのに，その態度は！

T　：ここにコーヒー置いちゃいけないなんて決まってないでしょ！（同じように怒る）

S2：倒れてこぼれたら，周りの迷惑になることぐらい考えろよ！

T　：ちゃんと見えてるから，倒れそうになればつかむわよ！（少し間をおいて，OLから教師に戻り）満員電車で，今みたいに大きな声でけんかしているような声がしていたら，どう感じる？

S　：迷惑だと思う。うるさい。

板書例

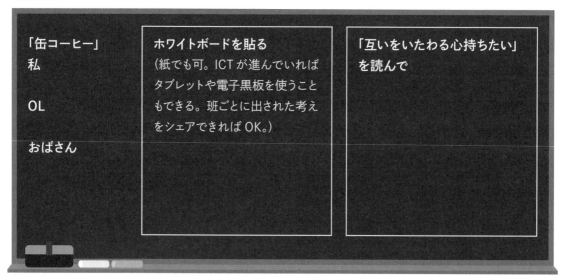

◆ 評価

　公徳のモラルについて考えることは，一人ひとりが社会全体に目を向け，互いが安心して生活できる社会をつくっていこうとする精神が必要であることに気づき，実生活の中で，相手の立場や状況に応じた行動や言動をとる難しさや必要性がワークシートに記述されていたか。

◆生徒の授業感想
・世の中にはいろんな人がいる。相手のすべては理解できなくても，理解しようとすることが必要。
・自分が正しいと思ったことでも，いつの間にか人を傷つけることもある。相手を思いやることは大切だが，とても難しい。

◆広げる・つなげる教師の目
　ロールプレイは，ホワイトボードに書かれていることだけを行うのではなく，それを受けてのOL（教師）の対応，やりとりが大切。演じている生徒だけでなく，見ていた生徒の意見を引き出しながら進めることで，さまざまな意見が出てくる。

＜メトロ文化財団のマナーポスター＞

規範意識が一時的に弱まる青年期

　青年期は，自立するために大切な時期であるとともに，それゆえに，逸脱する危険も高まる時期でもある。発達心理学会編『発達心理学事典』の「問題行動」（丸善・小保方晶子氏 P226〜227）によれば，非行や攻撃的行動などの外に表出されるものと抑うつや不安などの内面にとどまるものとが見られ，いずれも青年期に増加する。刑法犯少年の統計によれば，前者の8割強は男子である。非行が見られた者の大多数は，青年期においてだけの一過性でその後は見られない。児童期から反社会的行動を為す者の中に青年期を過ぎても繰り返す傾向がみられるが，少数である。そのため，非行は14歳から16歳にかけてピークを迎え，18歳になるとかなり減少する。海外でも同様の現象が見られるとのことである。中学生の発達段階では，規範意識を高めるために重点化して取り組む必要がある。

出典：中等教育資料　澤田浩一「『特別の教科 道徳』の内容について（12）」より一部抜粋

対象学年
中学2年生

内容項目：C-(11) 公正, 公平, 社会正義

10 「傍観者でいいのか」における授業実践
公正, 公平な心

関連項目：B-(6) 思いやり, 感謝　B-(8) 友情, 信頼

| 教材 | 「傍観者でいいのか」『人権教育プログラム』東京都教育委員会
➡ 本書 P.125 |

● 授業を行うポイント

　いじめはあってはいけないと分かっているけれど, どこの学校やどこの学級でも起こる可能性がある。

　しかし, 何もせずにただ見ているだけでは, いじめを受けている生徒からすれば, それはいじめている人と同じに見える。1つの事例から, みんなでいじめについて考え, 「本当に正しいのはどのようなことか」「黙って見ていることは相手にとってどのように見えるのか」を多面的に考えていく。

● 考える道徳のポイント

　読み物教材を使用し, いじめを構造的に考え話し合った後に, 「いじめをなくすために大切なこと」を考えさせよう。

　話し合うことだけでは解決しない課題ではあるが, 意見を交換させ, 公正や公平に物事を捉えること, また, 他者との違いは個性を認めることで, いじめを許さない環境づくりを深く考えさせたい。

● 学習指導案

◆ねらい

　友人がいじめを受けていることを知るが, 思うように制止できない「私」の思いから, 正義を重んじ, 正しい行動をとることの難しさや大切さに気づき, 公正, 公平に行動できる態度を育てる。

準備するもの

・登場人物イラスト
　(名前だけのカードでもよい)

・グループトークで使用するマグネットのついたカード

授業展開

導入 3分 ウォーミングアップ

「中学生を取り巻く社会問題にはどんなことがあるだろう?」

・教材のタイトルを出さずに，自分たちを取り巻く環境などを考えさせる。生徒の視点からSNSなどネット上のトラブル，受験勉強，いじめなどいろいろ挙げさせ，主題につなげていく。

5分 教材を読む

発問1 7分 教材を読み，考えさせる

「ほとんどの人は何も言わず何もしなかった。どうしてこのような状況になるのだろう?」

・登場人物イラストで教材の内容を整理させる。
・自分の意見がまとまったら，隣の人と考えたことを伝え合う（ペアトーク）。そして，発表をさせる。
・関わることで，後で自分がやられてしまうなど，生徒の素直な気持ちを引き出す。

中心発問 発問2 15分 いじめを構造的に考える

「『Aさんを放っておけない』と言ったDさんの言葉で，『私』は何に気がついたのだろう？」

・いじめは当事者同士で起きるのではなく，それを取り巻く環境を考えさせる発問である。また，1人では何もできないけど，誰か1人でもいれば事態が変わることに気づかせ，発問3につなげる。

発問3 15分 さらに深く考えさせよう！

「いじめをなくすために大切にしなければならないことはどんなことだろう？」

・4人でグループトークを行い，出た意見のキーワードをカードに書いてみよう。
・4人の意見をまとめず，それぞれの意見を交換し，黒板へ掲示し全体で共有して互いに発表させよう。

ワンポイント!

勇気・思いやる気持ち・責任ある行動・家族愛などから，なぜそのようなキーワードが出たのか聞いてみよう。

（葉の形にしたカードを使用）

まとめ 5分 気づいたことや感じたことをまとめる

「今日の感想をまとめてみよう」

◆ **指導方法の解説**

・登場人物カード

登場人物のイラストを掲示することで，読み物の内容が整理され生徒へ伝わる。画用紙に名前を書き掲示するだけでもよい。

・グループトーク

話し合わせたい中心場面で行うことにより，多様な意見を引き出すことができる。

・話し合いの結果を発表するカード

カードに意見を書かせ，黒板に掲示することで意見の可視化ができる。

授業記録

中心発問　T：「Aさんを放っておけない」と言ったDさんの言葉で，「私」は何に気がついたのだろう？

S1：Aさんがいじめられているのに，みんな何もできないでいて，「私」も何をしたらよいかわからなかったとき，Dさんがいたことで自分だけ巻き込まれて怖いと思う気持ちから「何とかしなくては」と思うようになり，そのような仲間を見つけることが大切だと思う。

T ：ありがとう。他はどうですか？

S2：体の不調を訴え休むAさんは，これ以上放っておくともっと大変になると思います。

発問3　T：いじめをなくすために私たちが大切にしなければならないことはどんなことだろう？

T ：「勇気」と出ていますね。

S3：結局勇気を出さないとDさんみたいに発言もできないのだと思う。あと，それは絶対許せないという正義感。

T ：「愛」ってどういうこと？

S3：まず自分に対する愛を大切にすることで，正義は正義なんだって認識して，友達の愛によってそういう人たちを守ってあげることで，いじめがなくなるのだと思う。

◆ **評価**

・正義を重んじ，正しい行動をとることの難しさや大切さに気づいたか。
・人間の良心とは何かを考え，そのために何が大切なのかを理解し，考えることができたか（ワークシート）。

◆ **生徒の授業感想**

・傍観者的な立場の人に問題があると考えさせられた。
・みんなの意見を聞いていると，環境ってとても大切なんだと思った。そして，みんなが思い合うことは大切だと思った。

◆ **広げる・つなげる教師の目**

グループトークは自分の意見を整理して，相手へ伝える手段の1つとして使う。話し合わせるだけの授業や，全体で共有しない授業では，道徳的価値が深まらないので，教師がねらいをおさえ，進める。

＜導入で使える資料例＞

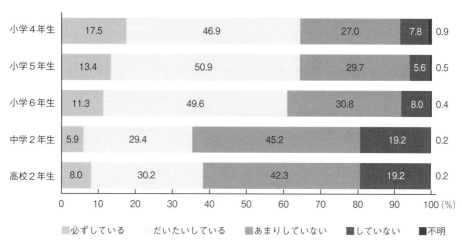

国立青少年教育振興機構「青少年の体験活動等と自立に関する実態調査」（平成22年度）

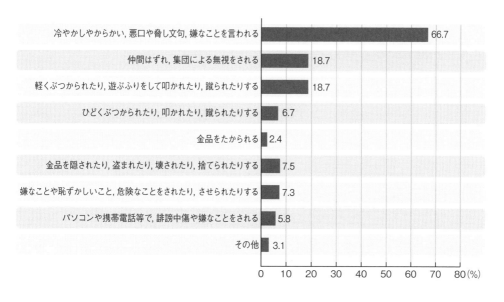

文部科学省「児童生徒の問題行動等生徒指導上の諸問題に関する調査」（平成24年度）

対象学年
中学1年生

内容項目：C-(11) 公正, 公平, 社会正義

11 「広い海へ出てみよう」における授業実践
公正, 公平な態度

関連項目：B-(6) 思いやり, 感謝　B-(8) 友情, 信頼

| 教材 | 「広い海へ出てみよう」さかなクン／「いじめられている君へ」（朝日新聞2006年12月2日掲載）➡ 本書 P.126
「正義感」のグラフ,「中学校におけるいじめの形態」のグラフ『私たちの道徳 中学校』文部科学省 ➡ 本書 P.65 |

● 授業を行うポイント

・グラフの活用

　さかなクンの気持ちだけでなく，中学生を取り巻く社会問題，正義感やいじめの形態調査に関するグラフなどを活用することで，幅広い視点からいじめの背景には何があるのか深く考え，ねらいとする道徳的価値に迫ることができる。

・新聞記事の活用

　新聞に掲載されたコラムなどは課題性もあり，多くの人が知っているものが多い。この授業では，2006年12月に掲載されたさかなクンの記事を活用する。

● 考える道徳のポイント

　さかなクン，中学生を取り巻く社会問題，いじめに関するグラフなどによる複数の視点を通して，自己中心的な考え方を脱却し，社会の中における自分の立場に目を向けて考えを深める。「見て見ぬふりをする」とか，「避けて通る」という消極的な立場ではなく，「公正で公平な社会」の実現に積極的に努めようとする態度を育む。

● 学習指導案

◆ねらい

　さかなクン，社会問題，正義感に関するグラフなどによるさまざまな視点を通して，正義と公正さを重んじ，正しい行動をとることの難しさや大切さに気づかせ，差別や偏見のない公正，公平に行動できる道徳的実践意欲と態度を育む。

準備するもの
・さかなクンやメジナの写真
・魚釣りの場面絵（イメージ）

授業展開

導入　3分　ウォーミングアップ

「中学生を取り巻く社会問題にはどんなことがあるだろう?」

- ここでは，社会全体に目を向け，中学生を取り巻く諸問題について考えたことを幅広い視点から意見を聞き，いじめ，偏見といった社会的な問題を見い出す。

 5分　教材を読む

発問1　10分　いじめに対する生徒の考えを引き出す

「友人をいじめる子たちに『何で?』と聞けなかったさかなクン。どんな気持ちだったのだろう?」

- いじめる側に対して何も聞けなかった場面を通して，いじめはいけないことだと分かっていても何も聞くことができなかったさかなクンの気持ちを考えていく。
- 周囲でいじめや不公正なことがあっても，人は時に傍観してしまい，勇気を出して制止することに消極的になってしまうことがあることをおさえる。

活動①　ペアトークを行う

中心発問　発問2　15分　魚釣りに行った場面に注目させる

「仲間はずれにされた子と，よく魚釣りに行ったさかなクンの気持ちはどのようなものだろう?」

- 仲間はずれにされた子と，魚釣りに行った場面に注目させる。特に励ましたりするわけでもないのに，1回きりではなく，「よく魚釣りに行った」という頻度を強調して問いかけることで，そのときにさかなクンが気づいたことや，気持ちに着目させる。

活動②　グループトークを行う

- 4人程度でグループトークをさせ，それぞれ考えたことを発表させる。あらかじめ進行役を決め，進行役が全体へ発表することを伝える。全体に発表するときは，出た意見をすべて伝えさせる。詳細に伝えることで，話し合ったことが全体の話し合いへとつなげられる。

発問3　10分　さらに深く考えさせよう!

「どうして悪いこと(間違ったこと)と分かっていても正すことができないのだろう?」

活動③　円座トークを行う

- 本書P.65の2つのグラフを読み，「どうして悪いこと(間違ったこと)と分かっていても正すことができないのだろう」と全体に聞いてみる。中心発問に対する考えを深めさせ，正義と公正さを重んじ，差別や偏見のない社会の実現に積極的に努めようとする態度を育む。

まとめ　7分　互いに気づいたことや感想を発表させる

活動④　ワークシートに記入する

67

◆ 指導方法の解説
・コの字型
　学級全体で円になり，互いの顔を見ながら級友の考え方に理解を深め，自分の考え方を明確にする。

授業記録

 T：友人をいじめる子たちに「何で？」と聞けなかったさかなクン。どんな気持ちだったのだろう？

S1：止めたくても，止められない。いじめようとしている人が怖い。
S2：いじめるのもいじめられるのも，両方なりたくないから，関わらないようにしようと思った。
S3：いじめている人がさかなクンの仲のいい友人かもしれない。止めようとしても，友達関係が壊れたら嫌だ。
T　：仲のいい友人がいじめをしても許されるのかな？
S4：どんな理由であれ，いじめを行うことは間違っていると思う。
S5：問いただす勇気がない。自分もやられてしまう。巻き込まれたくない。

 T：仲間はずれにされた子と，よく魚釣りに行ったさかなクンの気持ちはどのようなものだろう？

S6：助けたりとかはできないけど，少しでも気が晴れたらいいな。助けられたらいいな。
S7：せめて隣にいてあげよう。
S8：助けてあげられるなら，助けてあげたい。
S9：不安とか悲しい気持ちを，安心や楽しい気持ちに変えてあげたい。
S10：友人だからいっしょに釣りをすることは当たり前じゃないかな。
T　：「よく魚釣りに行った」よくとは何だろう。
S11：周りが君を仲間はずれにしていても，僕は君を独りにしないという気持ちだと思う。
S12：僕は，君のこと無視しないよという気持ち。

◆ 評価
　正しい行動をとることの難しさや正しさに気づくことができ，間違っていることを正そうとする意欲や態度を，話し合い活動や全体での発言から見ることができたか。

◆ 生徒の授業感想
・さかなクンの記事を読んで，なぜいじめが起きるのか気になったし，今後いじめられている人を見つけたら助けたいと思った。
・いじめられることを恐れずに止められる人間になりたい。
・時には周りの空気に合わせることも必要だけれども，その空気を打ち破って注意などしなければならないときが来ることが分かった。

◆ 広げる・つなげる教師の目
　さかなクンだけでなく，社会的な諸問題を考えさせ，グラフを活用することでさまざまな視点から主題に対して考えを深めることができる。どんな理由であれ，傍観的態度を克服し，いじめを行うことは間違っているという立場のもと，どのように間違った行動に向き合えるかが大切である。

＜ワークシート＞

広い海へ出てみよう

年　　組　　番　氏名 ＿＿＿＿＿＿＿＿＿＿＿＿＿＿＿＿＿

1 発問1に対する考えを書き，ペアで話し合おう。

※文章に限らず，キーワードとなる語句のメモだけでもよい。

2 発問2に対する考えを書き，グループで話し合おう。

※文章に限らず，キーワードとなる語句のメモだけでもよい。

【自分の考え】	
友達の名前	友達の意見
【意見交換後の自分の考え】	

【感想】

【自己評価】
① 今日の授業で自分の考えを深めることができたか。（　　　　　　　　　　　　　　　　　）

② 今日の授業で新しい見方・考え方に気がついたか。（　　　　　　　　　　　　　　　　　）

③ 今日の授業で，「自分はどうかな」と考えたり，自分の経験を思い出したり，自分のことについて理解を深めたりすることができたか。（　　　　　　　　　　　　　　　　　）

④ 今日の授業で，「これからは～していきたい」という気持ちをふくらませることができたか。
　　　　　　　　　　　　　　　（　　　　　　　　　　　　　　　　　）

⑤ 今日の授業で，「公正，公平な態度」について学ぶことができたか。
　　　　　　　　　　　　　　　（　　　　　　　　　　　　　　　　　）

対象学年
中学1年生

内容項目：C−(12) 社会参画，公共の精神

「町内会デビュー」における授業実践

12 地域の一員として

関連項目：C−(13) 勤労

| 教　材 | 「町内会デビュー」『中学校道徳　読み物資料集』文部科学省
➡ 本書 P.126 |

● 授業を行うポイント

・**生徒理解**

　中学生になると，積極的に参加していた地域行事から離れて参加しなくなる傾向が見られる。それは勉強や部活，友達との関わりなどで忙しくなるとともに，自分と自分を取り巻く大人との関係が複雑化するという理由が考えられる。

・**資料について**

　明の気持ちを共感的に理解し，町内会の人々が明を温かく迎え入れる様子を通して，社会を構成する多くの人々と助け合い励まし合いながら社会連帯を深めることが，民主的な社会を築くために必要であることに気づかせたい。そのためには，明と町内会の人々の両面から，明の「中川家代表」や「町内会デビュー」の意味について考えさせ，その共通項から社会参画の意義について多面的・多角的に考えを深めていけるようにする。

● 考える道徳のポイント

・**4〜6人でのブレインストーミング**

　「中川家代表，お疲れ様。」に込められた思いについて，付箋紙を使って話し合う。まず，町内会の人々の思いを付箋紙に書きグルーピングし，明がそれを聞いてどう思ったかを同様にグルーピングする。両方の共通する思いをまとめ，そこから社会参画の意義について考えさせたい。

・**教科関連の視点**

　職場体験活動などを通して社会貢献する中で成就感を得て，勤労の尊さや意義について考えるきっかけとなる。そこで本授業を通して，社会の一員として自分の役割や責任を果たすことが自らの生きがいとなることにも気づかせたい。

● 学習指導案

◆**ねらい**

　明と町内会の人々との関わりを通して社会参画の意義を多面的・多角的に考えるとともに，よりよい社会の実現に向けて主体的に行動しようとする実践意欲を育てる。

準備するもの
・付箋紙2色
・付箋紙をグルーピングするためのベン図（A3，グループ数分）

70

授業展開

導入 5分 ── ウォーミングアップ

活動①　ブレインストーミング
・地域行事について思いつくことを出させる。名称でも，それに対する思いでも構わない。

10分 ── 教材を読む

発問1　5分 ── 明の心の動きに着目する

「『よし。』と掛け声をかけたのは，どんな思いからだろう？」

・自分から前向きに地域の取り組みに関わるようになったことに気づかせる。生徒からなかなか発言が出ないときは，掛け声の前と後の明の行動の違いを明示し，その違いから明の気持ちを想像させる。

中心発問　発問2　15分 ── どのような期待が込められているか考えさせる

「『中川家代表，お疲れ様。』には，どんな意味が込められていたのだろう？」

・それが明にとっては大人扱いされて誇らしい気持ちにさせていることにもふれる。
・明はどう感じたか，町内会の人はどのような気持ちで言ったのか，多面的・多角的に考え，話し合わせる。

活動②　ベン図を使ったグルーピング
・町内会の人の思いを水色の付箋紙に書き，明がどう思ったかをピンク色の付箋紙に書く。以下のようなベン図にグルーピングしながら付箋を貼り，共通項を探る。
・1つの付箋紙には1つの意見を書く。できるだけたくさん出す。

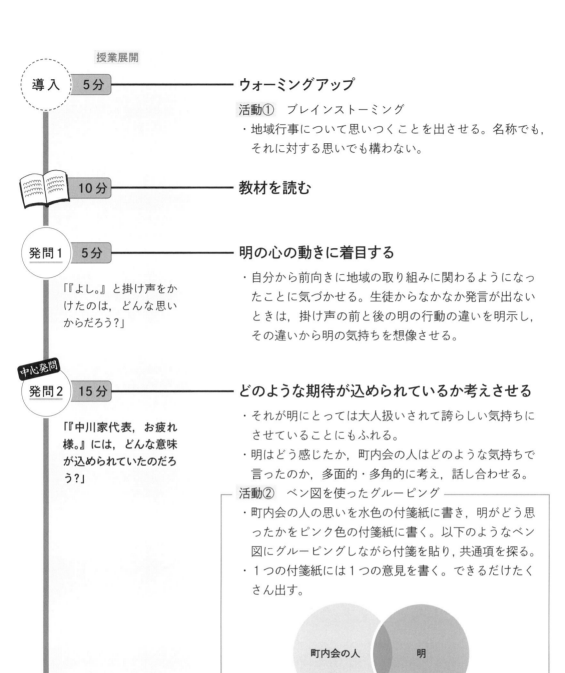

発問3　10分 ── さらに深く考えさせよう！

「地域活動はなぜ必要なのか，今後どのように関わっていくべきなのか考えよう」

・ワークシートなどで個別に記入し，全体交流を通してねらいにせまる。

まとめ　5分 ── 学校と地域の関わりなどについて，教師の説話をする

◆ 指導方法の解説

・付箋紙を用いた活動

　付箋紙を用いて短文で意見を出し合い，それらの意見を分類し，鳥瞰図的な視点から眺めることで，より重要度の高いものや共通するものなどを協議しながら分析する。多様な意見を引き出し，比較することができる。

・座席の工夫

　より多くの意見を出し合うという観点から，5～10名くらいの比較的大きいグループが望ましい。

授業記録

中心発問　T：「中川家代表，お疲れ様。」には，どんな意味が込められていたのだろう？

S：(町内会の人から)
・来てくれてよかったよ。また来てほしい。
・自分から進んでいろいろやってくれてたね。
・次の代として引き継いでほしい。
・若い人が参加してくれてうれしい。
・最初はしゃべりたくなさそうだったけど，自分から声をかけるようになって，町内会デビューできたね。

S：(明の気持ち)
・うれしい。これからもやりたい。
・ちゃんと仕事ができて，みんなに認めてもらえた。
・みんなのために頑張ってよかった。
・次も参加しよう。もっと積極的に話しかけよう。やる気が湧いてきた。
・みんなの役に立てた。

T：共通することはどんなことだろうか。そこから地域活動の意義を考えていこう。

S：・感謝。地域の人は来てくれてありがとうと思うし，明は認めてもらえたことや教えてもらったことへの感謝がある。
・引き継ぐこと。次の世代に期待し，その思いを受け継いでいくこと。
・代表としての役割を果たすこと。中川家の代表として父の代わりを務めるのは，自分にしかできないこと。

板書例

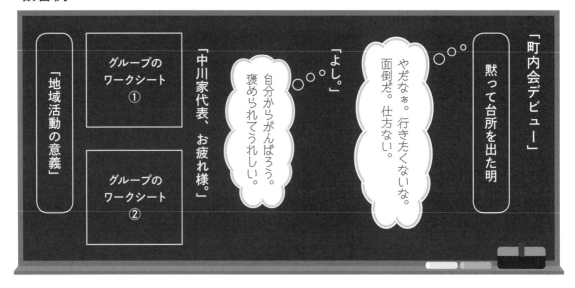

72

◆評価
・多角的なアプローチ
　より多くの意見を出し合い，分類整理することで，明と町内会の人々の共通する社会参画の意義に気づくことができたか。
・自我関与
　社会参画の意義を知り，自分事として考え，主体的に社会の一員として役立ちたいという実践意欲をもつことができたか。

◆生徒の授業感想
・地域を活性化させるため，自分もどんどんやっていきたい。
・人と人とのつながりは，何かあったときに助け合える関係をつくるために必要だと思う。

◆広げる・つなげる教師の目
　勤労意欲は役割や責任を果たす充実感や，必要とされているという所属感に基づいている。実体験をもとに話し合うことで，社会参画の意義をより深めることが大切である。

「社会参画」が意味するところ

　Cの視点は，「主として集団や社会との関わりに関すること」である。集団と社会は，区別せずに用いていることが多い。両者の区別について，大庭健氏による解説から考えることとする（『現代倫理学事典』弘文堂・「社会」の項）。「集団」は「個人を構成要素とする集合・システム」であるのに対して，「社会」は，「行為が・特定の仕方で（のみ）関係しあう・システム」である。「社会」には，時間を貫く同一性と超個人的な自立性という重要な2つの特性がある。集団は，個人が入れ替われば同一ではない。社会は個人が入れ替わっても同一でありうるし，逆に入れ替わりがなくても，違う社会へと変貌しうる。数人の小規模であっても，個々人の思考・行動の総和では説明できない共同での制御を超える自律性を示すとき，社会として存立している。社会は行為のシステムである。行為は，有意味性・理解可能性を備えていなければならない。身体的な動作の意味が理解されるときには，「そう理解すべきである」という規範的な信念が習得されている。相互の行為と理解の連鎖の中でそれぞれの役割を負うことになる。社会とは「役割行動のシステム」でもある。「個人と社会は，たがいに他方の存在・作動に依存しながらも，それぞれに自律的に作動するシステムとして関わり合っている。」のである。「参加」が既にあるものに加わることであるのに対し，「参画」とは計画段階から加わることを意味する。社会参画とは，望ましい行為を理解し，自らが負うべき役割に基づいて行動することと考えられる。

出典：中等教育資料　澤田浩一「『特別の教科 道徳』の内容について（15）」より一部抜粋

対象学年
中学2,3年生

内容項目：C－(12) 社会参画，公共の精神

13 「加山さんの願い」における授業実践
社会連帯の自覚

関連項目：C－(13) 勤労

教材	「加山さんの願い」『中学道徳3 明日をひらく』東京書籍 ➡ 本書 P.128 「働くことの意義」「この人に学ぶ―鈴木邦雄」『私たちの道徳 中学校』 文部科学省 ➡ 本書 P.130

● 授業を行うポイント

・ボランティア活動の振り返り，著名人によるメッセージの活用
　加山さんの視点からだけでなく，生徒自身のボランティア活動の振り返りや，視覚障害者ランナーの伴走者である鈴木邦雄氏によるメッセージを活用することで，生徒自身も社会の一員であるという自覚のもと，ねらいとする道徳的諸価値に近づくことができる。

・ペアトーク，グループトークを活用
　自分の意見を発表しやすいように，最小集団のペア（2人）トークを行い，全体で共有する。グループトーク（3〜4人）も同様に，グループトークの後に全体共有を行う。

● 考える道徳のポイント

　生徒，加山さん，鈴木邦雄氏による複数の視点を通して，よりよい社会の実現のためには，社会の一員として他者とどのように連帯し，どのように社会に参画すべきかについて深く考えさせて公共の精神を育む。

● 学習指導案

◆ねらい
　生徒，加山さん，鈴木邦雄氏などさまざまな視点から，社会への奉仕の気持ちや社会連帯への自覚を高め，進んで公共の福祉のために尽くそうとする道徳的実践意欲と態度を育む。

準備するもの
・ボランティア活動の写真
・加山さんの場面絵(イメージ)

授業展開

導入 3分

ウォーミングアップ
・ボランティア活動の写真を掲示する。
・生徒の体験や振り返りを全体に発表させる。

「ボランティア活動に参加したことがあるか」「参加したときの気持ちはどのようなものか」「ボランティア活動に参加したいと思うか」

ワンポイント！
あくまでもこの時点で，ボランティア活動について考えたことを簡潔におさえる。

8分

教材を読む
・登場人物を整理し，資料を理解する。

発問1 12分

中井さんと話せたときの，加山さんの思いを考えさせる
・中井さんの家を出た加山さんが満たされた気持ちでいっぱいになった場面を通して，加山さんの感じたことを考えさせる。

「何の身構えもなく中井さんと話せた加山さんは，どのようなことを感じたのだろう？」

ワンポイント！
「〜してあげているのに」という思いや，義務感からではなく，ボランティアを受ける側の人が何を望んでいるかを踏まえた上で，進んで連帯していくことの大切さをおさえる。

活動①　ペアトークを行う
・ペアトークを行い，自分や相手の意見や意見交換後に感じたことを全体で共有するために発表させる。

中心発問 発問2 15分

場面に注目させる
・加山さんが「思わず」立ち止まり，何かに気づきかけ，考え込む場面に注目させる。「どのようなことを考えたか」ではなく，あえて「大切にしたいもの」と問いかけることで，「これから」加山さんがどのように訪問介護と向き合い，「これから」どのように社会で生きようとするかという点について着目させることがポイント。タイプの違う高齢者との交流を通して，発問1でおさえたポイントを深めることができる。

「つらそうな田中さんの顔を思い出し，思わず立ち止まった加山さんが大切にしたいものはどのようなものだろう？」

活動②　グループトークを行う
・4人程度でグループトークをさせ，発表させる。あらかじめ進行役を決め，進行役が全体へ発表することを伝える。全体に発表するときは，出た意見をすべて伝えさせる。詳細に伝えることで，話し合ったことが全体の話し合いへとつなげられる。

発問3 10分	さらに深く考えさせよう！
「人間としてともに社会で生きるために大切にすることは、どんなことだろう？」	・鈴木邦雄氏のメッセージを読み、「人間としてともに社会で生きるために大切にすることはどんなことだろう。」と全体に聞く。中心発問に対する考えを深めさせ、社会連帯や公共の精神への自覚を高める。中心発問と同様に、話し合いの後に発表させる。 **活動③** グループトークを行う ・生徒の発言を取り上げ、評価する。
まとめ 2分	
「ワークシートに感想を書こう」	

◆指導方法の解説

・ペアトーク

話し合い活動をさせるための最小単位である。思ったことを全体に発表させる前に、隣にいる友達と伝え合うことで、全体に発表しやすくなる。

・グループトーク

話し合わせたい中心場面で行うことにより、多様な意見を引き出すことができる。

この事例では、進行役が全体への発表者となる。発言を記録する役を生徒に割り当ててもよい。

● 授業記録

T：何の身構えもなく中井さんと話せた加山さんは、どのようなことを感じたのだろう？	T：つらそうな田中さんの顔を思い出し、思わず立ち止まった加山さんが大切にしたいものとはどのようなものだろう？
S1：何かをやってあげるということばかり考え、中井さんの正直な気持ちを考えようとしていなかったと感じたのだと思います。 S2：何気ない言葉をかけることも大切だと感じたし、もっと中井さんの気持ちを考えたいと思ったのかも。 S3：人には人の思いがあると気づき、それを大切にしようと思った。 T ：思いを踏まえることが大切だと思ったんだね。 S4：たわいもない話だけれど、中井さんが心を開いてくれてよかったと感じたのだと思う。相手がうれしいと思えるように接したいと感じた。	S5：相手の立場になって、自分だけがよければいいと思わないということを大切にしたい。 S6：世話をすることも、されることも互いにとっては自然なことなのだから、相手に対して「すまない」という気持ちにさせないことが大切。 T ：加山さんは田中さんとこの先どのように接していくのだろう。 S7：田中さんが心地よくなるように互いに話をしたり、自然に接したりしたいのではないか。 S8：田中さんには田中さんの思いがあるのだから、それをしっかり理解していきたい。

◆評価
　社会の一員として，相手の立場に配慮し，互いに助け合い励まし合いながら社会連帯を深めることの大切さを，話し合い活動や全体での発言から見ることができたか。

◆生徒の授業感想
・生きることをさりげなく手伝い，相手も自分も気持ちのよいものをめざしていきたい。
・義務づけられて行うよりも，喜んでもらえて自分もやりがいのあるようなことをしたい。
・相手が最も望むことを行いたい。
・互いに支え合って生きていることを忘れない。困ったときはお互い様。

◆広げる・つなげる教師の目
　読み物教材の人物だけでなく，生徒自身の振り返り，メッセージ性の高いものなどを活用することで，さまざまな視点から主題に対して考えを深めることができる。

＜ワークシート＞

加山さんの願い

年　　組　　番　　氏名　　　　　　　　　

1 発問1に対する考えを書き，ペアで話し合おう。
　　　　　　　　※文章に限らず，キーワードとなる語句のメモだけでもよい。

2 発問2に対する考えを書き，グループで話し合おう。
　　　　　　　　※文章に限らず，キーワードとなる語句のメモだけでもよい。

【自分の考え】	
友達の名前	友達の意見
【意見交換後の自分の考え】	

【感想】

【自己評価】
① 今日の授業で自分の考えを深めることができたか。（　　　　　　　　　　　）
② 今日の授業で新しい見方・考え方に気がついたか。（　　　　　　　　　　　）
③ 今日の授業で，「自分はどうかな」と考えたり，自分の経験を思い出したり，自分のことについて理解を深めたりすることができたか。（　　　　　　　　　　　）
④ 今日の授業で，「これからは～していきたい」という気持ちをふくらませることができたか。
　　　　　　　　　　　　　　　　　　　（　　　　　　　　　　　）
⑤ 今日の授業で，「社会連帯の自覚」について学ぶことができたか。（　　　　　　　　　　　）

対象学年
中学3年生

内容項目：C－(14) 家族愛，家庭生活の充実

14 「一冊のノート」における授業実践
父母，祖父母への敬愛

関連項目：B－(6) 思いやり，感謝　B－(9) 相互理解，寛容

教材　「一冊のノート」『私たちの道徳 中学校』文部科学省 ⇒ 本書 P.131

● 授業を行うポイント

・**場面絵を活用した板書**
　場面絵の活用は，長い読み物教材を扱う際に有効である。生徒が的確に場面を把握していけるよう場面絵を黒板に貼り出し，発問について考えるときに情景を思い浮かべながら授業を進められるようにする。

・**ブレインストーミング・KJ法による話し合い活動**
　人間としての在り方・生き方について問う発問「私たち人間は，どのようなことを大切にしながら家族との関係を深めていけばよいのだろう？」に対して多面的・多角的に生徒に捉えさせるために，ブレインストーミングとKJ法を用いて多様な意見を整理し，思考の可視化や客観的な考察ができるようにする。

・**実物投影機を使用した発表活動**
　KJ法により各班で整理した意見を実物投影機で映し出し，学級全体で共有しながら発表活動を行う。班によりグルーピングの仕方などが異なるので，さらに生徒の思考を深めるきっかけとなるよう，各班の発表に対して教師が質問したり，解説を加えたり，他の班との共通点・相違点を確認したりするコメントを伝えるとよい。

● 考える道徳のポイント

「私たち人間は，どのようなことを大切にしながら家族との関係を深めていけばよいのだろう？」という発問を通して，人間としての在り方・生き方について生徒に投げかけ，考えを深める。答えのない問いについて他者との意見交流をしていく過程で，人間として生きる上で大切なことについて考えさせる。

● 学習指導案

◆**ねらい**
　主人公の思いや行動を通して，家族は深い愛情で結ばれていることに気づき，家族への敬愛を深め，家族の一員として互いに支え合っていこうとする態度を育成する。

準備するもの		
・付箋紙	・電子黒板	・場面絵
・A4用紙	・実物投影機	・発問カード

授業展開

導入 3分 ─ ウォーミングアップ
「登場人物を把握しよう」
・人物絵を使い，登場人物の「僕」とおばあちゃんの関係を把握し，資料への導入を行う。本時は，主人公である「僕」の気持ちについて考えるのだということを確認する。

8分 ── 教材を読む
・「僕」の気持ちに注目しながら聞くよう促した上で，教師が教材を音読する。

発問1 2分 ── 「僕」の気持ちをおさえる
「問題集を探しているときや，変な格好をしているおばあちゃんを見たとき，『僕』はどのように思っていただろう？」
・場面絵を黒板に貼りながら，「僕」が祖母に対し迷惑・恥ずかしいという思いを抱いていたことをおさえる。

中心発問
 7分 ── にじんだインクの跡を見た「僕」の気持ちをおさえる
「最後の空白のページにぽつんとにじんだインクの跡を見て，いたたまれなくなった『僕』は，どのようなことを考えていたのだろう？」
・場面絵を黒板に貼る。
・祖母の苦しみや孫を思う気持ちに気づかせることを通して，家族を敬愛する気持ちにつなげていく。
活動① ワークシートに記入させる
・各自できるだけ多くの種類の意見を記入するよう促し発表させる。

発問3 5分 ── 家族を思ってくれた祖母の思いをおさえる
「どうして『僕』は祖母に冷たく接してしまったのだろう？」
活動② ペアトークを行う
・ペアトークで意見交換をした上で，全体で発表させる。
・「僕」の身勝手さをおさえ，このように振る舞うことは相手を信頼しているからこそできるという点に気づかせたい。

発問4 20分 ── さらに深く考えさせよう!
「私たち人間は，どのようなことを大切にしながら家族との関係を深めていけばよいのだろう？」
・人間としての在り方・生き方を多角的に捉えさせる。
活動③ ブレインストーミング
・付箋紙を1人5枚ずつ配付し，各自1枚につき意見を1つ記入させる。3分程度の間に多くの意見を書くよう促す。
活動④ ＫＪ法，実物投影機を使用した発表
・5〜6人で意見を出し合い，話し合いながら付箋紙をＡ4の用紙に貼り，グループ分けする。共通する意見同士をグルーピングし，グループについてそれぞれ名前をつけさせる。

79

まとめ 5分 ── 授業を振り返る

「授業を振り返り,感想・自己評価をワークシートに記入しよう」

・ねらいとする価値に関する生徒の発言をいくつか取り上げながら話をする。

◆ 指導方法の解説

・ブレインストーミング

集団でアイデアを出し合うことによって相互交錯の連鎖反応や発想の誘発を期待する方法。①判断・結論を出さない(結論厳禁),②粗野な考えを歓迎する(自由奔放),③量を重視する(質より量),④アイデアを結合し発展させる(結合改善)を守って意見を出し合った上で,アイデアを整理する必要がある。

・KJ法

意見をカードや付箋に記述し,内容をグループごとにまとめて図式化していく方法。

● 授業記録

 T：最後の空白のページにぽつんとにじんだインクの跡を見て,いたたまれなくなった「僕」は,どのようなことを考えていたのだろう？

S1：インクがにじんだのは,おばあちゃんが涙をこぼしたからだと思うから,ノートを見たことで,「僕」はおばあちゃんの苦しみに気づいたんだと考えました。

T：苦しみって具体的にどんなこと？ 誰か答えられる人？

S2：自分は一生懸命頑張っているつもりでも,結果的に孫たちに迷惑をかけて叱られてしまっていること。

T：そうだね。もどかしい気持ちでいっぱいだっただろうね。

S3：これ以上,おばあちゃんのことを責められない。

S4：S3の意見につけ足しで,おばあちゃんも頑張っていたことに「僕」は気づいたから責められないんだと思います。

S5：分かってあげられなくてごめんね。おばあちゃんがこんな気持ちだとも知らずに,ひどいことを言ってしまった。

S6：おばあちゃんへの感謝。一生懸命「僕」たちの面倒をみてくれていたし,ひどく当たってもなお面倒をみようとしてくれているから。

 T：私たち人間は,どのようなことを大切にしながら家族との関係を深めていけばよいのだろう？

T：それでは,次は3班の発表です。

S4：3班では,自分の「素」や「感情」をさらけ出すことも大事だけれど,一方で「相手への思いやり」「相手のことを考える」ということも大切にしていかないといけないと考えました。その上で,ピンクのマーカーで囲んであるところにあるように,「自分勝手にならないこと」や,「何でも言い合える仲だからといって,思っていることを何でもかんでも言い過ぎないこと」,「自分の気持ちをさらけ出せるからこそ,相手の気持ちもしっかり考えること」が,家族との関係を深めていく上で最も大切だという結論に至りました。

(全体：おーー！(拍手))

T：なるほどね。この班では,みんなで話し合った結果,一番大切だと考えた意見のグループをピンクのマーカーを使って強調してくれているところが分かりやすいですね。先ほど,1班で出た意見の「言葉遣いや言い方に気をつける」ということも,この部分に近いかもしれませんね。

◆評価（自己評価）

自己評価は，評価項目①～③の内容に「今日の授業に意欲的に取り組めたか」という内容を追加した合計4つの項目について，当てはまるものに○をつけさせる。

①家族は深い愛情で結ばれていることに気づくことができたか。
②家族への敬愛を深め，家族の一員として互いに支え合っていこうとすることの大切さについて理解することができたか。
③家族への敬愛を深め，家族の一員として互いに支え合っていこうとすることについて，多面的・多角的に考えることができたか。

◆生徒の授業感想

人間関係の深め方は人それぞれ違っていて驚きました。しかし，全員がそれぞれの家族との関係をよりよくしたいと思っていることに変わりがないと分かりました。今後は，家族であっても相手の気持ちを考えて行動していきたいです。

◆広げる・つなげる教師の目

受験期を支えてくれている家族への感謝や，家族へ当たり散らす自分自身を省みる生徒が多かった。高齢化社会を迎えている社会の在り方を踏まえ，生徒が今後直面するであろう現代的な課題に向き合う教材ともいえる。

＜ワークシート＞

「一冊のノート」　　　年　　組　　番　氏名

【考えよう】ぽつんとにじんだインクの跡を見て，
　　　　　いたたまれなくなった「僕」はどのようなことを考えていたのだろう?

MEMO

(1) 授業を通して考えたこと・気がついたこと。

(2) 授業を振り返って当てはまるものすべてに○をつけよう。

（　　）① 今日の授業に，意欲的に取り組めた。
（　　）② 自分の考えを深めることができた。
（　　）③「自分はどうかな」と考えたり，自分の経験を思い出したり，自分のことについての理解を深めたりすることができた。
（　　）④ いろいろな見方・考え方をしたり，他の人のそれらにふれたりすることができた。
（　　）⑤「家族への敬愛を深め，家族の一員として互いに支え合っていこう」という気持ちをふくらませることができた。

対象学年
中学2年生

内容項目：C-(14)家族愛，家庭生活の充実

15 「ごめんね，おばあちゃん」における授業実践
家族の一員として

関連項目：B-(6)思いやり，感謝　D-(19)生命の尊さ

| 教材 | 「ごめんね，おばあちゃん」『中学道徳2 明日をひらく』東京書籍
➡ 本書 P.133 |

● 授業を行うポイント

・心情円盤の使用
　心情円盤を用いて，登場人物の気持ちを捉えさせる。言葉ではうまく表現しきれない部分も表現することができるので，生徒全員が取り組みやすくなる。

・グループトーク
　4人組のグループでの語り合いを用いる。他者の考えにふれ，自己の考えを深めていきながら，日頃家族に対して感じている思いを共有する。

● 考える道徳のポイント

　生活の中心の場となる家庭において，特に中学生の時期は，父母や祖父母に対して反抗した態度をとりがちである。しかし，そういった家族の存在は，どんなときも自分自身を支えてくれるものであり，深い愛情で育てられていることに気づかせていく。

● 学習指導案

◆ねらい
　聡の心情の変化を通して，父母，祖父母に対して敬愛の気持ちを深め，家族の一員としての自覚を高めようとする心情を育てる。

準備するもの

・マグネット付きミニホワイトボード
　（4人班で使用）

・ホワイトボード用のペン

・心情円盤

授業展開

導入　3分
ウォーミングアップ
「親や祖父母、兄弟は自分にとってどんな存在ですか?」
・自由に意見を出させる。ペアトークで短時間話し合わせるなどして、意見を言いやすい雰囲気をつくる。

8分
教材を読む

発問1　4分
聡のイライラした気持ちをおさえる
「祖母にプラスチックモデルを壊されたとき、聡は祖母に対してどんな気持ちだっただろう?」
・あまり時間をかけすぎないことがポイント。心情円盤で聡の気持ちを表現させる。この時点では、祖母の気持ちを理解できず、イライラしている気持ちがほとんどであることをおさえる。

発問2　4分
気持ちの変化に注目する
「聡が、祖母のうしろ姿が気になったのは、どんな気持ちからだろう?」
・発問1と同様に、少し気持ちの変化が生じている点をおさえる。祖母の涙に注目させ、怒りだけではない心を問い、心情円盤を使って表現させる。

中心発問
発問3　10分
心情を考える
「『おばあちゃん、ごめんね。』という言葉には、聡のどんな思いが込められていただろう?」

活動①　ワークシートに記入する
・自分の意見をワークシートに記入させ、発表させる。「人のいないことを確かめて」いたことや、「小声で」つぶやいたことなども、心情を考えさせる際のヒントとする。聡の思いから、祖母が無私の愛情をもって家族に接し続けている姿をしっかりおさえる。

発問4　17分
さらに深く考えさせよう!
「自分自身は、家族の中でどんな役割を果たしていけばいいのだろう?」

活動②　グループトークを行う
・4人でグループトークを行う。自分自身の家族の中における立場や、自分が果たすべき役割について考えさせる。グループトーク後、それぞれのグループで出た意見をホワイトボードに記入させ発表させる。

まとめ　4分
説話
・発問4で出た意見を用いながら、教師が子供の頃に家族に対して感じていた思いから、今、家族に対して思う気持ちなどを話しながら終末とする。

◆指導方法の解説

・心情円盤の使用

　心情円盤は，各自に１つ配付し，発問時に使用させる。

● 授業記録

中心発問 T：「おばあちゃん，ごめんね。」という言葉には，聡のどんな思いが込められていただろう？ S１：いろいろなことをしてもらっていたのに，あんなきつい言い方をしてしまって申し訳ない。 S２：自分のことばかり考えていて，おばあちゃんの気持ちを考えずに言ってしまった。 T：おばあちゃんの気持ちとは？ S２：いつもどれだけ自分たちのことを思っていてくれたのか，聡も気づいたのだと思う。 S３：おばあちゃんの気持ちを理解できていなかった。 S４：もっと優しく接しておけばよかったという後悔の気持ち。	S５：話す言葉が見つからなかった間，今までのおばあちゃんとの思い出がもう一度よみがえってきたんだと思う。 T：どういう思い出？ S５：おばあちゃんとの楽しい思い出や，つらい思い出。 T：つらい思い出というのは？ S５：おばあちゃんにいつもイライラしてしまっていた自分を思い出した。 T：そういった思い出がよみがえってきて言った聡の言葉には，どんな思いが込められていたんだろう？ S５：おばあちゃんは，自分たち家族のことをいつも考えてくれていたということに対する感謝の気持ち。

◆評価

　家族の存在は，どんなときでも自分自身を支えてくれるものであり，深い愛情で育てられていることに気づき，家族の一員としての自覚を高め，役割を果たしていこうとする姿勢が，グループトークや発言，ワークシートなどから見られたか。

◆生徒の授業感想

　クラスの中でも，家族の中における役割が違うんだと感じた。それぞれ家族を大切に思っている感じがした。今まで家族の気持ちを考えずにひどいことを言ってきたから，これからはちゃんと気持ちを考えて言葉を伝えていこうと思った。

◆広げる・つなげる教師の目

　家族という身近なテーマであるため，生徒たちも考えやすい教材である。だからこそ，さまざまな意見が出ておもしろい。多面的・多角的に考えさせ，意見を出させていく中でも，ねらいから逸れずに終末へつなげていくことができるとよい。

<ワークシート>

ごめんね，おばあちゃん

年　　組　　番　氏名 _____

考えてみよう①

_____

_____

考えてみよう②
　（1）自分の意見

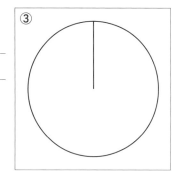

_____

<班の人の意見>

（2）他の人の意見を聞いて，考えが変わったこと，なるほどと思ったことを書こう。

★今日の授業であなたが学んだことや考えたことを書きましょう

★今日の授業を振り返って★
　　今日の授業を振り返って，①～④の質問に答えよう。
① 自分の考えを深めることができたか。
　（　　　　　　　　　　　　　　　　　　　　　　　　　　　　）
②「自分はどうかな」と考えたり，自分の経験を思い出したり，自分のことについての理解を深めたりすることができたか。
　（　　　　　　　　　　　　　　　　　　　　　　　　　　　　）
③ いろいろな見方，考え方をしたり，ふれたりすることができたか。
　（　　　　　　　　　　　　　　　　　　　　　　　　　　　　）
④「家族の一員としての自覚を深め，役割を果たそう」という気持ちをふくらませることができたか。
　（　　　　　　　　　　　　　　　　　　　　　　　　　　　　）

対象学年
中学3年生

内容項目：C-(16) 郷土の伝統と文化の尊重

16 「島うたの心を伝えたい」における授業実践
郷土への思い

関連項目：C-(17) 我が国の伝統と文化の尊重

| 教材 | 「島うたの心を伝えたい」『中学道徳3 明日をひらく』東京書籍
➡ 本書 P.134 |

● 授業を行うポイント

・CD（朝花節）（行きゅんにゃ加那節）の活用
　授業での場面転換のために活用する。生徒の気持ちをより深く考える活動に向かわせるのと同時に，資料の世界に生徒が入り込めるようにする。

・座席配置の工夫　コの字型
　資料の世界について話し合うときはコの字型，グループトークのときはグループ形式，話し合った結果を全体で発表し合うときには前向きにし，それぞれの活動を行いやすくする。

・ブレインストーミング，KJ法の活用（⇒本書 P.28 参照）
　自分たちが住んでいる町のよさを話し合う場面で活用する。たくさんの意見を発表し，まとめる際に活用していく。

● 考える道徳のポイント

　郷土愛を育むには，自分の町が好きであることが重要である。そのために，自分の町のよさに目を向け，たくさんの意見を出し合うことのできるグループでのブレインストーミング，KJ法を用いて行う。

● 学習指導案

◆ねらい
　教材を通して，郷土の自然や文化に対し愛着をもつことの大切さに気づき，自身の郷土のいいところを見つけようとする心情を育てる。

準備するもの
・音源（CD）　・奄美などの写真
・画用紙，付箋紙，油性ペン 　（グループ数分）

授業展開

導入 4分 ── ウォーミングアップ
朝花節を聴く
・資料の世界に生徒が入り込めるようにするため,落ち着いた雰囲気で島うたの曲を流し,味わう。

8分 ── 教材を読む
・座席をコの字型にする。

発問1 5分 ── 「島うたが財産」について考える

「『島うたが財産』とは,どのような思いが込められているのだろう?」

> **ワンポイント!**
> 「島うたが財産」であるのは,「私」が島うたを勉強していく中で,島うたには先祖の知恵や願いが込められていることを学んだからであることを理解させる。

発問2 8分 ── 「私」の心情を考える

「『私』が大切にしたい『島の心』とはどんな心だろう?」

・島の人の心や美しい自然,昔から現在に至るまでのすべての歴史・思いを,島うたを通して伝えたい「私」の心情にひたり,考える。

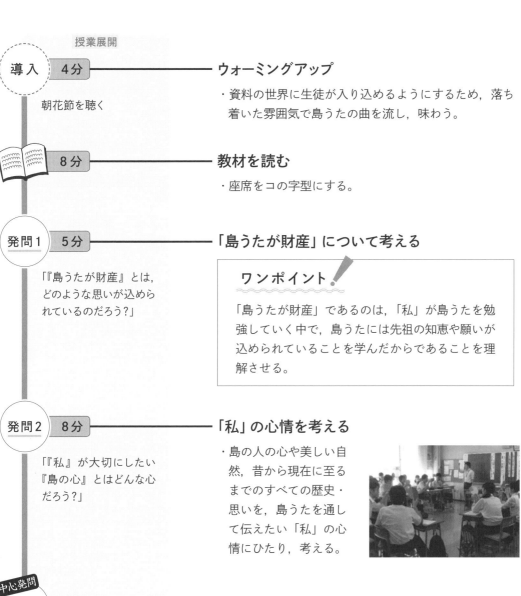

中心発問
発問3 20分 ── さらに深く考えさせよう!

「自分たちが住んでいる地域のよさ,好きな点,自慢したいことを挙げてみよう」

活動① 付箋紙を使用したブレインストーミング
・座席を4人グループにし,グループトークをする。
・3分間で,個人で考えたことを付箋紙に1文で書き出し,発表する(1人何枚使ってもよい)。

活動② KJ法
・次の5分で,画用紙に付箋紙を貼り出しながら,意見交換をする。共通点や違いを見つけながら,郷土を思う心を確認する。
・あらかじめ進行役,発表役を割り振る。全体に発表するときは,出た意見をすべて伝えさせる。

活動③ 発表
・座席を前向きにする。
・話し合ったことをグループごとに発表し,まとめた画用紙は黒板に貼り出す。

まとめ　5分

「行きゅんにゃ加那節」を聴き，授業の感想を書く

・島うたの意味に注意して聴かせることで，グループトークで活発になった雰囲気をもう一度落ち着かせてから，感想に取り組ませる。

授業記録

中心発問　T：自分たちが住んでいる地域のよさ，好きな点，自慢したいことを挙げてみよう。

S1：僕は練馬大根だと思う。練馬大根は，江戸時代には将軍にも食べられていたし，明治時代には政府にも表彰されているから。
S2：確かにそうだね。
S3：けど，今はあまり有名ではないよね。現在なら，アニメのほうが有名じゃない。プリキュアとかワンピースとかすごいじゃん。
S2：それもそうだけど，今は何が一番有名かの話ではないから，他にも練馬のよさを挙げてみよう。
S4：私はとしまえんを書いたよ。としまえんはプールもあるし，遊園地もあるし，みんなが楽しめるところだし。
S1：それこそ，としまえんのあたりには，昔はお城もあったしね。
S2：私は，自然って書いたの。練馬って田舎っていうイメージだったけど，公園には森もあって，でも，都心まで電車でそうかからないってすごいことだと思うんだけど。
S1：練馬大根としまえんは歴史っていうグループでいけるんじゃない。
S2：でも，としまえんには自然もあるから，どうしたらいいんだろう。
S4：だったら，この2つのグループは隣同士にまとめておこう。
S3：としまえんとアニメも関係ありそうだから，近くにまとめておこうよ。

◆評価
グループトーク中の発言や授業の感想から，自分の住む地域のよさや魅力を発見・再確認できたことが見られたか。

◆生徒の授業感想
主人公の「私」は生まれた島が好きだから，島うたを歌い続けていきたいと思えるのだと思う。自分もこの町が大好きと言えるようになっていきたい。

◆広げる・つなげる教師の目
授業者の専門教科が社会科であったため，社会科の授業内容と関連させて展開することができた。音楽科の学習や地域の伝統芸能を習っている生徒の体験を生かすこともできるだろう。

＜ワークシート＞

島うたの心を伝えたい

年　　組　　番　　氏名

1 「島うたが財産」とは？

2 「私」が大切にしたい島の心

3 自分が住んでいる地域のよさ

-
-
-
-
-
-
-
-
-
-
-
-

授業の感想

対象学年
中学1年生

内容項目：C-(18)国際理解, 国際貢献

「海と空」における授業実践

17 国際社会への貢献

関連項目：B-(6)思いやり, 感謝

| 教 材 | 「日本人の自覚をもち世界に貢献する」「海と空 ―樫野の人々―」『私たちの道徳 中学校』文部科学省 ➡ 本書 P.135 |

● 授業を行うポイント

　今日, 国際化の進展には目を見張るものがある。すでに日本人が, 自分たちの幸せだけを追い求めることは不可能になってきている。したがって, 将来の我が国を担う中学生には, 日本のことだけでなく, 国際的視野に立ち, 世界の中の日本人としての自覚をしっかりもつことが必要となってくる。
　不安を感じながらもトルコ人を助けることを決意した樫野の人々の思いを考えさせることにより, 国際社会で生きることの意味を理解させ, これから自分も国際人として生きていこうとする態度を養いたい。

● 考える道徳のポイント

・**カリキュラム・マネジメントの視点**
　「遭難した69人のトルコ人を前にして, 樫野の人々は, どんなことが不安だったのだろうか？」という発問についての話し合いを学級全体で行い, その後, なぜ, ありったけの食料を差し出すことに誰一人難色を示さなかったのかをワールドカフェで行い, その後, 学級全体で話し合わせる。

・**教科関連の視点**
　トルコの位置やエルトゥールル号の事故については, 社会科の教科書などを用いて事前に内容を理解しておくと, 樫野の人々の気持ちについてより考えやすくなる。

● 学習指導案

◆**ねらい**
　樫野の人々の気持ちについて考えることで, 世界の中の日本人であることの自覚を深め, 他国を尊重し世界の平和と人類の発展に寄与しようとする態度を育てる。

準備するもの
・世界地図　　・トルコの国旗の絵
・寅次郎の写真（終末で活用する場合）

授業展開

導入 5分 — ウォーミングアップ

日本とトルコの関係，エルトゥールル号の遭難事故について確認する

・用意できるのであれば，プレゼンテーション用ソフトに写真や地図などを載せておき，テンポよく提示していくとよい。特に，エルトゥールル号の遭難事故について詳しく紹介しておくと，生徒たちはこの後の発問についても考えやすくなるはずである。

14分 — 教材を読む

・導入でエルトゥールル号の遭難事故についてふれているので，音読する際は，途中で解説を入れずに最後まで通して読み切る。読み終わったら，数秒でよいので余韻の時間をとるとよい。

発問1 8分 — 樫野の人々の不安について共有する

「樫野の人々が遭難した69人のトルコ人を前にして不安に思ったこと，考えたことを挙げてみよう」

・学級全体で樫野の人々の不安についてどんどん挙げさせ，共有できるようにする。ここで多くの考えにふれることができれば，次の中心発問でねらいとする道徳的価値への深まりが大きくなるはずである。

中心発問 発問2 15分 — さらに深く考えさせよう！

「樫野の人々が，遭難したトルコ人にありったけの食料を差し出すことに，誰一人難色を示さなかったのは，どうしてだろう？」

活動① ワークシートに記入させる
活動② 4人組で話し合いをさせる

・ワークシートにメモ欄を用意しておき，話し合いの内容を記録させた後，ワールドカフェ方式でより多くの考えにふれられるようにする。

まとめ 8分 — 山田寅次郎を紹介する

『私たちの道徳 中学校』P.214を読み，本時の授業で考えたこと，学んだことを書こう

・エルトゥールル号の遭難事故をきっかけに，20年間トルコで国交を開くために尽力した山田寅次郎を紹介する。インターネットで「エルトゥールル号 寅次郎」と検索すると，当時のことを詳しく確認することができる。
・「本時の授業の感想」ではなく，「学んだこと，考えたこと」について考えさせよう。ワークシートに記述させることによって，本時の授業の評価活動へつなげることができる。

◆指導方法の解説

・ワールドカフェ

　ワールドカフェは，何人かの会議での討論のやり方の一形式。企業研修などでも行われている。ワールドカフェに要する時間はおおむね20分である。それを道徳の時間の話し合い活動向けに一部修正して，短い時間で行えるようにしている。

ワールドカフェの流れ

① グループの中から「旅人」を1人決めさせる。「旅人」は，別のグループへ移動し，自分のグループで話し合った内容を他のグループへ伝えるとともに，他のグループで話し合った内容を聞いて自分のグループへ伝える役割を担う。
② 「旅人」に「5分で3グループ以上回ってきなさい。」と指示を出して，いろいろなグループを回らせる。
③ 5分経ったら，「旅人」を自分のグループに戻らせ，他のグループで話し合った内容を自分のグループのメンバーに伝えさせる。
④ 必要に応じて全体で考えを共有する時間を設ける。

● 授業記録

中心発問

T：樫野の人々が，遭難したトルコ人にありったけの食料を差し出すことに，誰一人難色を示さなかったのはどうしてだろう？

S1：不安よりも，トルコ人たちを助けたいという気持ちのほうが勝っていたからだと思います。
T：なるほど。どうして助けたいという気持ちのほうが強かったのかな。
S1：日本人であろうがトルコ人であろうが関係なく，困っている人を助けるのは，当然のことであると樫野の人々は思っていたのだと思います。
S2：でも，日本人としてトルコ人たちのために何かできることはないかという考えもあったのかもしれないよ。
S3：日本人として，トルコの人々のために何かできるということは，すごく嬉しいことだったんじゃないかな。
T：みんな，たくさんのことを考えていますね。樫野の人々の努力によって，トルコの人々にも思いが伝わったんだね。
S3：国や言葉が違っても，つながることができるということを，日本人やトルコ人に伝えることができたのだと思います。

◆評価

　世界の中の日本人であることの自覚を深め，国際人として生きていくことについて，話し合い活動やワークシートの記述から見られたか。

◆生徒の授業感想

　いろいろな人が，世界中の人に尽くしていることを知って，自分にも何かできることはないかと考えさせられた。

◆広げる・つなげる教師の目

　実話を扱う資料については，「自分はそのようにはできない。」という考えになりやすいが，当時の人々にも心の弱さはあり，それを乗り越えたことにふれさせることで，ねらいとする価値にせまることができる。

<導入や終末で提示する資料例>　上の4枚は導入で，下の4枚はまとめで提示する。

日本　　トルコ

トルコの位置　【現在】飛行機で約12時間

【明治時代】船で約75日間

エルトゥールル号

明治22年（1889年）オスマン帝国の皇帝アブデュルハミト二世が，小松宮彰仁親王同妃両殿下のトルコ訪問に対する答礼として，宮親善使節団約650名をエルトゥールル号に乗せ日本に派遣。

エルトゥールル号の遭難事故

エルトゥールル号がトルコに戻るために横浜港を出たところ
和歌山県の大島付近を航海中に，台風に遭遇し，座礁
580名以上が死亡する大惨事となった。

山田寅次郎
（やまだとらじろう）

慶応2年（1866年）
　　～昭和32年（1957年）
茶道宗徧流の第八世家元
日本とトルコの友好親善の懸け橋として活躍

寅次郎の募金活動

当時，24歳だった寅次郎は遭難事故を知り，大きな衝撃を受ける。
「遠く離れた国まで大変な思いをして来たのに，遭難事故に遭うなんて。胸が張り裂ける思いだ。」

すぐさま行動に移す。

寅次郎の募金活動

義援金を集めるため，1年間にわたり日本全国を駆け巡って演説会を行う。

エルトゥールル号の悲劇に心打たれた大勢の人々から募金を集め…

最終的に集まった額は五千円
（現在の価値にすると一億円）

集めた義援金を持って
外務大臣の青木周蔵を訪ね…

義援金を寅次郎自身がトルコへ持って行ってはどうかと提案される。
寅次郎「義援金は，私がトルコへ持って行きます。そして，これをきっかけにして日本とトルコの友好親善を進めたいと思います。」

寅次郎は20年間の長きに渡り，トルコに滞在し，友好を深めるために尽力する。

対象学年
中学3年生

内容項目：D－(19)生命の尊さ

18 「Aちゃんの繋いだ命」における授業実践
生命尊重

関連項目：B－(6)思いやり，感謝　B－(9)相互理解，寛容　C－(14)家族愛，家庭生活の充実
D－(21)感動，畏敬の念

教 材	「繋がる命 愛情注いでね 臓器提供するAちゃんへ お父さんお母さんより」 （朝日新聞2016年2月26日掲載）　➡ 本書 P.138 「臓器移植についての意識調査」（内閣府　平成25年発表）

● 授業を行うポイント

　活用する教材（新聞に掲載された両親の手記）は，東海地方の病院で臓器移植法に基づく脳死と判定された6歳未満の女児が提供した臓器の移植がすべて終わった後に出されたものである。

　父親は，悩んだ末に臓器移植の決心をしたといい，母親は「お母さんをもう一度抱きしめてそして笑顔を見せて」と娘を失った思いをにじませている。

　これから現代を生き抜いていく生徒たちは，誰も経験したことのない問題に遭遇する可能性がある。答えが1つでない問題に対して互いに意見を交わし，自分の意見を深めていく。

● 考える道徳のポイント

　臓器を提供された患者の家族，提供することになった家族のそれぞれの立場についてグループトークを行い，中心場面では命の尊さについて考えを深めていく。

● 学習指導案

◆ねらい
　わが子の臓器を提供した両親の手記から，かけがえのない命をいとおしみ，その尊さについて自ら考え，主体的に行動できる実践意欲を育てる。

準備するもの
・マグネットのついた2色画用紙 　（グループ数分）
・実物投影機　など

授業展開

導入 3分
「世論調査の結果を見て、どんなことが考えられるだろう」

ウォーミングアップ
- グラフについて、世論調査の結果のグラフを実物投影機などで掲示して、幅広く意見を聞くとよい。
- または、臓器移植意思表示カードを提示し、3つの選択肢があることを説明する。

5分

教材を読む
- 母親の思いの最後の5行は、まとめで使うので読まないようにする。

発問1 13分
「1つの事象をめぐる2つの立場の違いについて考えよう」

立場の違いを考えさせる

活動① 2つの立場について考える
- 4人ずつに分かれ、グループトークを行う。教師の指示で①と②の立場に分け、意見を交換させる。
  ①→臓器を提供された家族
  ②→臓器を提供することになった家族

①臓器を提供された家族	②臓器を提供することになった家族

- 話し合いで出た意見は2色の画用紙に書かせ、まとめさせ、発表させる。このときに、それぞれの意見を誰が書いたか記名させる。後の振り返りの教師の指導で生かすことができる。

中心発問 発問2 15分
「『Aちゃんの繋いだその命』の言葉にある父の思いとは、どのような思いだろう?」

娘が亡くなってしまっても、その命は繋がっている
- 臓器移植制度の実態を踏まえながら、両親の決断した気持ちについて深く考えさせる。

発問3 10分
「『生きる』とは、どんなことだろう?」

さらに深く考えさせよう!
- 命は、時には何かの犠牲の上に成り立っていることを考えさせ、「生きる」とは何か、と全体に聞く。また、時間の関係で発問1と同様に考えさせ、発表させるのもよい。

まとめ 4分
「最後の5行を読み、感想をまとめよう」

母の思いをしっかり味わい、本時の感想へつなげる
- 生命尊重への価値づけ、思いを深め、感想を聞く。

◆指導方法の解説

・グループトーク

　話し合わせたい中心場面で行うことにより，多様な意見を引き出すことができる。また，1つの事象をめぐり，分かれる立場について考えさせることがポイントである。

・臓器移植制度についての学習

　公民では尊厳死，また，総合的な学習の時間などで臓器移植について学習をしてから授業を行うと，一層深まる。

授業記録

 T：①の立場について，それぞれ発表してください。

S1：ありがたいと思う気持ちや，ひたすら感謝だと思う。
S2：患者は，成長したら貢献しようと思うのでは。
S3：できれば会ってお礼を伝えたいんじゃないかな。
T　：でも，会えたとして，Aちゃんの家族は複雑じゃないかな？　どう思う？
S3：そうか。会いたくないかも。
T　：どうしてそう思う？
S3：自分の子どもは亡くなってしまったし，体の一部が使われていると思うと余計悲しくなるかも。

T　：②について発表してください。
S4：どんな形でもいいから，自分の子どもが生きていると考えている。
S5：どんなことであっても，自分の子どもは生きていてほしいと考えていると思う。

 T：「Aちゃんの繋いだその命」の言葉にある父の思いとは，どのような思いだろう？

S6：Aちゃんは亡くなったけど，命は繋いでくれていると思っている。
S7：子どもの臓器を移植して繋いだ命だから，精一杯生きてほしい。
S8：Aちゃんの分も幸せになってほしい。

◆評価
・命の大切さに気づき，その尊さについて考えることができたか（色画用紙）。
・命の大切さについて考え，そのためには何が大切なのかを理解し，考えることができたか（ワークシート）。

◆生徒の授業感想
・立場が違うと物事の見え方が大きく分かれてしまうことをとても感じた。
・「生きる」ことについて，すごく考える授業だった。

◆広げる・つなげる教師の目
　今回の授業は，「生命尊重」を主題に行ったが，「家族愛」を主題に授業を計画することもできる教材である。

平成25年　世論調査「家族と臓器移植について話したことがあるか」内閣府

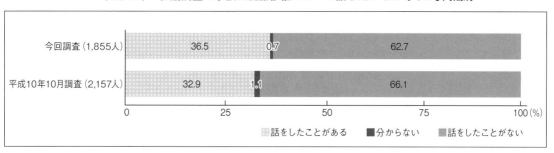

＜ワークシート＞

Aちゃんの繋いだ命		
年　　月　　日　　　　　　　年　　組　　番　氏名		
提供される家族の思い	提供する家族(Aちゃん)の思い	繋いだ命
生きる		
母の思い・・・		
本時の感想		

対象学年
中学1年生

内容項目：D－(20)自然愛護

19 「哲学の木」における授業実践
自然を愛する心とは

C－(10)遵法精神，公徳心

教材	「哲学の木」（毎日新聞　2016年2月26日掲載）➡本書 P.138 「美しいものへの感動と畏敬の念を」「自然の恵み」「自然の美しさ」「人間の力を超えるもの」「自然の神秘を感じる」「自然との調和」「コウノトリ野生復帰プロジェクト」『私たちの道徳 中学校』文部科学省➡本書 P.139

● 授業を行うポイント

　自然を守りたいという思いは，人間のエゴであってはならない。さまざまな立場から「哲学の木」を眺めると，人間のいろいろな思いが見えてくる。「哲学の木」に関わった多くの人々の気持ちを考え，それに基づいて議論することで，多面的な視点を育てたい。そして，「『哲学の木』を守りたかった。」という共通の願いに思いを馳せ，これからの自然と人間の在り方や課題について考え，どう生きるべきか考えを深めたい。

● 考える道徳のポイント

・カリキュラム・マネジメントの視点

　まず，「哲学の木」を伐採すべきか否かという視点から自分の考えを明らかにさせる。そして，自分の思いから一度離れて，農家や観光客，観光協会の立場に立たせ，それぞれの見解を述べ合い，多面的な話し合いを促す。

・教科関連の視点

　総合的な時間や特別活動などで，持続可能な社会の実現（ESD）に向けての取り組みを調べたり，自分たちにできる取り組みの計画を立て実施したりと，持続可能な社会の実現の実践へとつなげることができる。

● 学習指導案

◆ねらい

　名所であった「哲学の木」を伐採した農家の思いと，その木の愛好者たちの思いの両面から考え，議論することを通して，1つの事象には多面的な見方が必要であることに気づかせるとともに，自然を愛し，守ろうとする実践意欲を育てる。

準備するもの

・3色の紙製コーンセット
　（生徒数分）

授業展開

導入 5分 ── ウォーミングアップ
・「哲学の木」の写真資料を用いて,木の美しさを効果的に伝えたい。その後の伐採された事実が響いてくる。

5分 ── 教材を読む

発問1 10分 ── 立場を決めて話し合う

「木を伐採すべきか否か」

活動① 色コーンを使って確かめる
・赤コーン→伐採すべきではない
　青コーン→伐採すべき
など,色コーンを使って確かめる。場合によっては,生徒の反応と反対の立場に立たせて話し合いをすることで,多面的な視点へとつなげる。
(「伐採すべき」と答えた生徒⇒「観光客」の立場など)

中心発問
発問2 15分 ── 3つの立場に分かれて話し合う

「『哲学の木』の伐採について,どう考えたか。それぞれの立場の視点から意見を述べよう」

・「農家」「観光客」「観光協会」の3グループに分ける。そこで色コーンを使って,それぞれの立場を明確にさせる。
活動② グループごとに5分間話し合う
活動③ 各グループの意見発表
活動④ ディベート形式の協議

発問3 10分 ── さらに深く考えさせよう!

「今回の話し合いから,自然を守るためにどうするべきなのか考え,学んだことは何か」

・相手を論破しようとしたり,方法論にこだわってしまったりしがちである。本質的な問い「大事なことは何か。」「その目的は?」などを問いかけ,「『哲学の木』を守りたかった。」という共通の思いに気づかせる。

まとめ 5分 ──
・『私たちの道徳』P.114〜P.117を読んで必要事項を記入し,それをもとに意見交流する。

99

◆指導方法の解説

・ディベート

　ディベート形式の協議であるが，方法にはこだわらず，自由に意見を述べ合う。しかし，相手を論破しようとするのではなく，それぞれの立場の考えを明らかにするという目的を意識させる。

・座席の工夫

　コの字型に座ると，グルーピングしやすい。発問1と中心発問で席替えをしてもよい。

授業記録

(発問1の続き)
T：木を伐るべきだったのだろうか。
○「伐るべき」
S：観光客がマナーを守らないのが悪い。注意しても変わらなかったから伐るしかない。木を伐るという犠牲で分かってもらいたい。
○「伐るべきではない」
S：もっと話し合って対策を考えたらよかった。失ってしまったら，もとには戻らない。

中心発問
T：「哲学の木」の伐採について，どう考えたか。それぞれの立場の視点から意見を述べよう。
T：農家，観光客，観光協会は「哲学の木」の伐採についてどのような思いだっただろうか（多面的な見方を促す発問）。

○「観光客側」
S：私たちが楽しみにしてせっかく来たのに，もうないなんて悲しい。いくらなんでもやりすぎだと思う。
○「農家側」
S：農作物を守るために仕方がなかった。木を伐りたくはなかったが，これで観光客の規範意識が変わってくれれば。
S：観光客の行動や観光協会の対応に失望した。
○「観光協会」
S：農業と観光業の両立をめざしたいのに，このような結果になってしまい残念だ。もっと他に対策がないか考えるべき。

板書例

◆評価
・自分の意見ばかりを主張するのではなく，相手の意見を受け止め，それに対して自分の立場から考えや意見を述べているかを発言から見とり，評価する。
・自然愛護のねらいに迫り，持続可能な社会の実現（ESD）に関連して，今後考えるべきことや，すべきことが記述されているか，発問3より見とる。

◆生徒の授業感想
　自分たちの意見を主張するばかりでは，話し合いにならないし，いろいろな見方をしないと解決しないことが分かった。結局，木を伐らないとこの話し合いは終わらないと思う。

◆広げる・つなげる教師の目
　意見が分かれる題材であったために，話し合いは活発だった。相手を論破することに促されないように，授業者がねらいを明確にして話し合いの舵をとる必要がある。

観光名所「哲学の木」

　北海道の美瑛町に広がる緩やかな丘に立つこのポプラの木は，首をかしげて物思いにふけるような姿から「哲学の木」と呼ばれ，観光客や写真の愛好家の人気を集めていました。
　所有者の農家の男性によりますと，24日，重機を使って木を倒し，農地から運び出したということです。

涙の伐採を決意

　「哲学の木」を巡っては，写真撮影などのために畑に無断で入り込み作物を踏み荒らす人が相次ぎ，3年前には所有者の農家が幹にバツ印を付けるなどしてマナーを守るよう訴えていました。
　しかし，その後も畑に入る人が後を絶たず，農作業の障害になっていたことや，木が古くなって枝が落ちるなど危険になっていたため，伐採を決断したということです。
　所有者の男性は「残念だが農業を続ける上で，しかたがないと考えた。木が伐られるのを見ていると涙が出てきた。観光客はもっとマナーを守ってほしい。」と話していました。

観光客のマナー悪すぎ

　美瑛町では，外国人観光客の急増もあって年間およそ180万人の観光客が訪れますが，マナーを守らない人も多く，観光協会などには，観光と地元の人たちの暮らしをどう両立させていくのか一層の対策が求められることになります。観光客からは「すごく残念です。農家の事情は分かりますが，遠くから見に来る人もいるので，やりすぎのようにも感じます。」「農家の事情を考えると，しかたないと思いますが，美瑛に来たときはいつも哲学の木を撮っていたので残念です。これまで撮らせてくれて，ありがとうという気持ちです。」と残念がる声がありました。
　美瑛町観光協会の冨田事務局長は，「観光客のマナーについて，これまでも巡回活動やチラシの配布など，さまざまな方法で啓発してきただけに残念だ。美瑛町の景色というのは農家の皆さんの畑で形成されている。農産物の生産の場を踏みにじることがないよう，観光客の皆さんはマナーを守って，美瑛を楽しんでほしい。これを契機にマナー違反者が減ってほしい。」
　写真家の中西さんは「倒れる瞬間，涙が止まりませんでした」とコメント。「美瑛のみならず，観光スポットでのマナー向上につながる大きな一歩になれば，きっと哲学の木も成仏できる。」と述べ，「さようなら『哲学の木』。」と結んでいる。

出典：2016年2月25日の新聞やインターネットの記事より

対象学年
中学1～3年生

内容項目：D-(21)感動,畏敬の念

20 「森からの伝言」における授業実践
自然への感動と畏敬の念

関連項目：D-(19)生命の尊さ　D-(20)自然愛護

教材　「森からの伝言」『中学道徳3 明日をひらく』東京書籍 ⇒ 本書 P.140

● 授業を行うポイント

　自然の中で過ごす時間は，日常生活とは違った時間が流れる。科学技術が発達し，人間生活が自然の形を変えることがある現在にあっても，自然の力の大きさには圧倒される。しかし，今は都会でも地方でもそのような自然体験をしている生徒は多くない。自然の雄大さに感動し，畏敬の念を抱くことは，自然保護の意識を高めるだけでなく，芸術性や豊かな感性を育むことにもつながる。

　本時は，樹の音を聞く「体験活動」を取り入れた。自然体験の入り口のような体験ではあるが，樹と自然のつながり，樹にも命があること，身のまわりに生命があふれていることなどに気づかせたい。その上で，自然のもつ不思議さ，人間が自然の大きな営みの中で生かされていることへの感謝や，自然の力の偉大さに畏れ敬う気持ちをもてるようにしたい。

● 考える道徳のポイント

・**体験を言葉にし，感動をシェアリングする**
　動画などで実際に樹の音を聞く体験を行う。自分が聞き取った音の様子や，どんな感じがしたかなど感想を述べ合うことで，さまざまな感じ方があることや，樹のもつ不思議さにふれさせたい。その後，資料に戻って考えるときには，より筆者の心情に寄り添うことができる。終末では，体験したことの感想を分かち合わせたい。

・**学校行事との関連**
　林間学校など校外での自然活動の際に，実際に樹に触れる体験やナイトウォーク，星空観察などの体験を取り入れ，その後，学年道徳として行うこともよい。

● 学習指導案

◆**ねらい**
　美しいものや気高いものに感動する心をもち，人間の力を超えたものに対する畏敬の念を深める。

準備するもの
・縄文杉の写真や映像
・樹木の音源

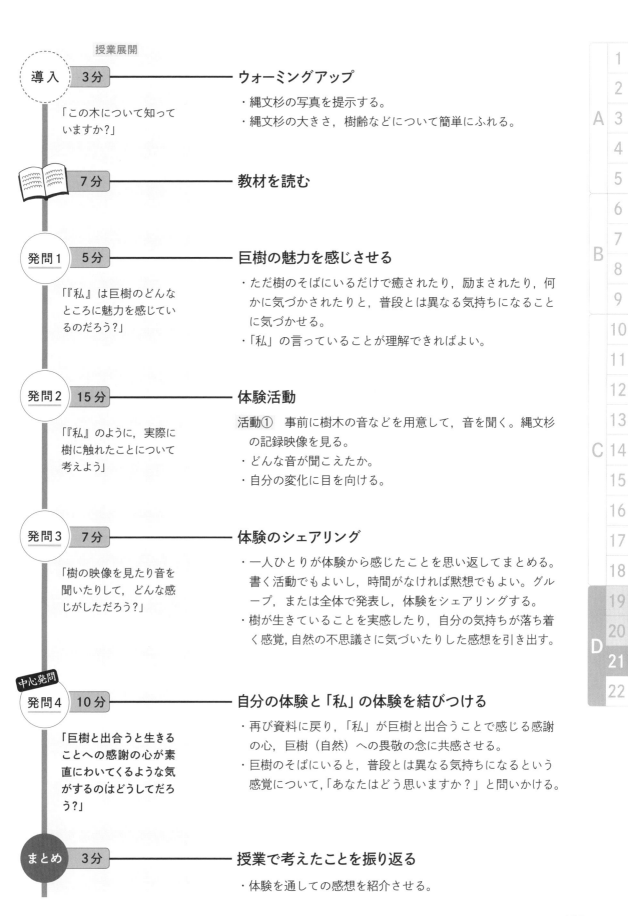

◆ **指導方法の解説**

・ネイチャーゲーム

　自然への気づきを目的として，自然を直接体験する活動である。内容項目D-(21)（感動, 畏敬の念）では，その体験の有無が重要になる。小さな活動であっても，自然にふれる体験を行ってから，本内容項目について考えることで，自分の体験を広げて考えを深めることができる。

授業記録

 T：樹の映像を見たり音を聞いたりして，どんな感じがしただろう？

S1：ゴーって水が流れるような音がした。
S2：意外と大きな音がしました。
S3：樹によって音の大きさや音の感じが違う。ゴーではなくて，シャーっていうのもあった。
T ：この樹の音は，何の音だと思う？
S4：樹が水を吸い上げる音。
S5：樹の呼吸の音みたい。
T ：樹によっても違うみたいですね。他に気づいたことはありますか。
S6：聞いていると，まわりの音が聞こえなくなるっていうか，自分の世界に浸れる感じがした。

 T：巨樹と出合うと生きることへの感謝の心が素直にわいてくるような気がするのはどうしてだろう？

S7：今日，樹の音を聞いてみて，樹も生きているんだなあって思いました。だから，数十メートルにも大きくなるまでに，樹も大変だったんだろうって。自分も生きていると大変なことがあるけど，生きているだけですごいんじゃないかなって。
S8：今日の樹は樹齢といっても十数年だろうけど，それでも何かすごさを感じた。数千年も生きている巨樹はすごすぎる。人間がちっぽけに感じる。見栄を張る必要がないっていうか，素直になれる感じ。
T ：もう一度，想像してみてください。樹齢数千年の縄文杉。もし，本物を見たら，どんな感じがするでしょう。
S9：オーラがありそう。存在感に圧倒されそう。

◆ **評価**

・自分の体験から，自然に対して感じたことを言葉にすることができたか。
・今回の体験以外のことにまで広げて，自然の雄大さについて考えることができたか。

◆ **生徒の授業感想**

・樹の音を聞き，樹の響きに感動し，樹も生きていると実感しました。
・私の家では，よく山登りをします。そのときに空気感が違うと感じていました。山頂には神社があることもあります。昔から，自然は神秘的なものだったのだと思います。

◆ **広げる・つなげる教師の目**

・この授業では，資料と同じように樹の音を聞くことを実体験させた。樹の中から聞こえてくる音は，実際には水を吸い上げる音ではなく，枝葉が風に揺れる音であるという。しかし，樹を介して，そのような自然の音にふれるのも，また新鮮な体験であろう。再び資料に戻ったときには，より実感を伴った意見や感想が自然と出てきた。
・林間学校などの野外活動行事の際に，ネイチャーゲームを行い，新鮮な感動をシェアリングしながら本教材を取り上げるとよいだろう。

＜ワークシート＞

年　　組　　番　　氏名

「私」は巨樹のどんなところに魅力を感じているのか。

考えよう

巨樹と出合うと生きることへの感謝の心が素直にわいてくるような気がするのは、どうしてだろうか。

対象学年 中学3年生

内容項目：D－(22) よりよく生きる喜び

21 「仏の銀蔵」における授業実践
気高く生きようとする心

関連項目：B－(6) 思いやり，感謝　B－(9) 相互理解，寛容　C－(10) 遵法精神，公徳心

教材	「仏の銀蔵」『中学校道徳　読み物資料集』文部科学省 ⇒ 本書 P.141 「人間として生きる喜び」『私たちの道徳 中学校』文部科学省

● 授業を行うポイント

・BGM の使用

　教材を読むときに，「日本昔話」のような曲を流して臨場感を出すことで，生徒の関心も高くなる。また，発問に対して生徒がワークシートへ記入する際にも流す。ゆったりした曲を流すことで，生徒の心を自然とリラックスさせる効果がある。

・ペアトークの活用

　隣の席の人や後ろの席の人と話し合わせることで，互いの意見を知ることができ，安心して発言がしやすくなる。

・ICT 機器（プロジェクター）の使用による資料整理

　Power Point を使い，本文の挿絵入りで話の流れを追っていく。生徒にとって話の理解を深める効果が期待できる。

・対面式座席配置

　互いの顔を見合わせることができるように，コの字型の対面式座席配置にした。向かい合わせて座ることで，発表者の顔を全員が見ながら話を聞くことができる。

● 考える道徳のポイント

　多くの授業研究や指導案を見ると，C－(10)（公徳心）での実践が多い。しかし，今回の実践では，銀蔵は自身のもつ良心によって悩み，苦しみ，良心の責めと戦いながら，呵責に耐えきれない自分の存在を深く意識するようになることに着眼して指導案を立案し，実践を行った。銀蔵が人々の優しさにふれ，人間として生きることへの喜びや人間の行為の美しさに気づき，同じ人間として人々とともに生きていくことをめざし，生徒と考える授業を展開していく。

● 学習指導案

◆ねらい

　自分の利益だけでなく，まわりの人々の利益をも視野に入れ，自分の良心に従って判断し，行動しようとする生徒の意欲を喚起したい。

準備するもの	
・PC（Power Point で発問を用意）	・プロジェクター
・CD ラジカセ	・BGM に使う CD

授業展開

導入　5分

資料「人間として生きる喜び」を紹介
「他にはどんなことがあるか考えよう」

ウォーミングアップ
- 『私たちの道徳 中学校』P.121 を読む。
- 自由に発言させ，教師は共感的な態度で受け答えをし，発言しやすい雰囲気をつくる。

5分

教材を読む
- BGM をかけて雰囲気を出す。

発問1　5分

「さすがに何も言えず，がっくり肩を落とした銀蔵はどんな思いだっただろう?」

肩を落とした銀蔵の思いをおさえる
- 発問をプロジェクターで映す。
- 証拠がなくては自分の金だと主張できないと理解しつつ，苦しい状況に陥ったことをおさえる。

発問2　15分

「人々は，なぜ正直に銀蔵にお金を返そうとしたのだろう?」

正直にお金を返そうとした思いをおさえる
- 発問をプロジェクターで映す。

活動①　ペアトークを行う
- 人々が，証文綴りがなくても自主的に借金を返したのは，苦しい生活をする銀蔵が哀れであったからではなく，借金をごまかすということが人の道に外れるという意識からであることをおさえたい。
- 挙手，または指名で発表させる。

中心発問　発問3　15分

「『そうか，お天道様か。』と膝を打った銀蔵は，何に気づいたのだろう?」

さらに深く考えさせよう!

活動②　ワークシートに記入する
- ワークシートに記入をしてから発表させる。3分間の記入時も BGM をかける。
- 切り返し発問などで具体的に考えを深めさせるが，1つの答えに偏りすぎないようにする。

まとめ　5分

「人間として生きる」とはどんなことか
- 本時の授業を振り返る。

◆指導方法の解説

・ICT機器の使用

　ICT機器を使用し教材整理をする。プロジェクターで投影される情景図を活用し，場面ごとに資料を整理する。

・BGMの使用

　BGMを使い，臨場感を出す。生徒が考えているときにもBGMを使用することで，雰囲気づくりができる。

授業記録

 T：人々は，なぜ正直に銀蔵にお金を返そうとしたのだろう？

S1：一度お金を銀蔵から借りてて，銀蔵から助けられたから，今度は銀蔵が困っているから助けようと思った。困っている人は助けなくてはと思った。
S2：今とりあえずお金を返して恩を売り，後から証文綴りが見つかっても返したと言えるから。
S3：恩を売っておけば，自分が困ったときにまた助けてくれるから。
S4：盗人になるのはいい気がしないから。

 T：「そうか，お天道様か。」と膝を打った銀蔵は，何に気づいたのだろう？

S5：お天道様が私に悪いことをしたと気づかせてくれるためにやったんじゃないか。
S6：お天道様がそういうことを仕組んだんじゃないか。そういう試練を与えたんじゃないか。
S7：お天道様がやり直すきっかけを与えてくれた。チャンスをつくってくれた。
S8：お天道様が見ているから，もう悪いことはできないなと思った。

◆評価

　自分だけが弱いのではないということ，人間がもつ強さや着眼点，気高さを十分に理解できたか。

◆生徒の授業感想

　生徒の自己評価から（5点満点）
自己評価の基準と項目
①今日の学習は自分のためになりましたか。（平均3.89）
②今日の学習で新しい発見がありましたか。（平均3.69）
③今日の教材はどうでしたか。（平均4.06）
④今日の学習の雰囲気はどうでしたか。（平均4.14）

◆広げる・つなげる教師の目

　ねらいに迫るためには，生徒の立場で考え，生徒の意見を予想することがいかに大切であるかということが分かった。そして，そうすることによって，教師自身が焦ることなくじっくり生徒の意見を待つことができ，生徒一人ひとりをじっくり見つめられるようになった。

人間として生きる喜び

　誰でも、自分に自信がもてなかったり、劣等感に悩んだり、誰かを妬んだり、恨んだりすることがある。

　同時に、それはいけないと引き止めたり、勇気を出そうと励ましてくれたりする良心をもっている。

　そして、自分の弱さや醜さと、良心との間で、苦しみ、悩むことがある。

　人間として生きる喜びは、こうした苦しみに打ちかって、自分に誇りをもつことができたときに、生まれるのではないか。

●これまでの経験を振り返り、自分の心の中の葛藤に打ちかてたことを書いてみよう。

年　　組　　番　氏名

対象学年
中学1年生

内容項目：D−(22) よりよく生きる喜び

22 「銀色のシャープペンシル」における授業実践
自分に恥じない生き方

関連項目：A−(1) 自主，自律，自由と責任

| 教材 | 「銀色のシャープペンシル」『道徳教育推進指導資料 中学校 読み物資料とその利用』文部科学省 ➡ 本書P.142 |

● 授業を行うポイント

・4人組でのグループトーク
　自己の考えを深めるため，4人組でのグループトークを行う。他者の考えにふれ，さらに自己の考えを深めていくことをねらう。発問3では，ワークシートの記入内容をグループトークで交流し，意見の相違が分かるようにホワイトボードに記入させる。ホワイトボードの意見に，発言者が分かるようにイニシャルなどを書かせると，振り返りでの教師の指導に活用できる。

・板書の工夫
　「ぼく」の心情の変化を構造的に示していく。「ぼく」が葛藤している場面から，決意を込めた確かな足取りへと変化していく流れを板書で示す。人間として生きる喜びを構造的に捉えさせ，価値を深く理解する手立てとする。

● 考える道徳のポイント

　授業では，「ぼく」の心情の変化を捉えながら，自分自身の心と向き合い，多面的な自己内対話をさせたい。電話を受け，心が揺れている場面では，人間は誰しもがそういった弱い部分をもっていることに気づかせていく。しかし，その部分にとどまらず，誰もがもつ良心にも目を向けさせ，そこから自分に恥じない生き方について考えさせていきたい。

● 学習指導案

◆ねらい
　「ぼく」の心情の変化を通して，自らの弱さや醜さに気づき，それを克服しながら自己の良心に従い，よりよく生きようとする心情を育てる。

準備するもの
・マグネット付きミニホワイトボード（班で使用）
・ホワイトボード用のペン（3色以上）
・発問や場面絵を書いたマグネット付きカード

授業展開		
導入	3分	**ウォーミングアップ**
「私たちの生活の中で『よくないな』と思うことはありますか?」		・抽象的な発問をして、そのときの社会的関心事項や、ニュースで話題になったものを取り上げてみよう。
	9分	**教材を読む**
発問1	5分	**謝られた「ぼく」の心情に迫る**
「卓也が電話で謝ってきたとき、『ぼく』はどんな気持ちだっただろう?」		・言うべきだと自分を責める気持ちと、黙っていようとする気持ちの葛藤をおさえる。板書でその心情を示す。
中心発問 発問2	10分	**良心の目覚めについて捉える**
「卓也の家に向かって歩き出した『ぼく』は、自分自身のことについて、どんなことを思っていたのだろう?」		・「ずるいぞ。」という心の声から自己を振り返り、良心に目覚め始めた「ぼく」の思いを考えさせる。 ・「ぼく」が卓也の家に向かって歩き始めた行為を、卓也に対する友情という側面だけで捉えてしまわないように、良心の目覚めによる行為である点をしっかりとおさえて聞くとよい。 ・「考えてみよう①」に記入させる。
発問3	20分	**さらに深く考えさせよう!**
「人として自分に恥じない生き方とは、どのようなものだろう?」		・各自でワークシートに記入する。 ・グループトークで考えたことを発表し合う。 ・グループトークで話し合った内容をミニホワイトボードに記入し、黒板に貼る。その後、全体で発表させる。 ・なるべく多くの意見を、相違点が分かるように書く。
まとめ	3分	**授業を振り返る**
		・教材中の、「オリオン座」がまぶしいくらいに輝き、とてつもなく大きなもののように思えた「ぼく」の心情にふれながら、本時の授業を振り返る。

●授業記録

発問3　T：では，人として自分に恥じない生き方とは，どのようなものだろう？

S1：きまりを守って，誤った行動をしたときに素直に認められること。

S2：悪いことをしないことは前提として，うそをついたとしても，すぐに謝れるようにすること。

T：先ほどの班と同様，自分の過ちを認めて謝れることが大切ということですね。3班はどうですか。

S3：自分の行動に責任をもつことと，良心に従って行動することです。

T：なるほど。良心に従って行動するとは，どういうことでしょうか。

S3：自分の中にある良心の声に耳を傾けるようにすること。

T：なるほど。4班はどうですか。

S4：自分のやったことを認めることと，逃げないこと。

T：自分のしてしまったこととしっかり向き合うということですね。5班はどうですか。

S5：うそをつくことはいいんだけど，ちゃんと心の中から自分の判断がいいのかどうか確認する。

T：うそをつくのはいいことなのかな？

S5：やっぱり人間は弱い部分もあるから，うそをついたりしちゃうこともある。いいことかはわからないけど……。

T：誰しもそういう気持ちをもっているということですね。

板書例

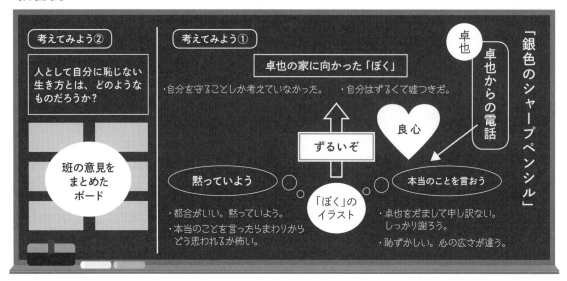

◆評価

自己の弱さや醜さを克服し，良心に従い，よりよく生きようとすることについて，いろいろな見方，考え方ができたか。

◆生徒の授業感想

自分自身に恥じないためにも，自分の良心の声にしっかり耳を傾けていこうと思った。行動する際に，ちゃんと自分の心の中で，その判断がよいのかどうか考えていきたい。

◆広げる・つなげる教師の目

グループトークをして発表させた後，出てきた意見をどのように生かしていくかが大切である。そのためにも，そこまでの発問の数と時間を厳選し，まとめの時間もしっかり確保していくようにする。

<ワークシート>

銀色のシャープペンシル

年　　組　　番　氏名

考えてみよう①
_____
_____

考えてみよう②
_____
_____

MEMO　他の班の人の意見を聞いて,「なるほど」と思ったことがあったら書いておこう。

今日の授業であなたが考えたことや気づいたことを書こう。
_____
_____
_____

★今日の授業を振り返って★

今日の授業を振り返って,①〜④の質問に答えよう。

① 自分の考えを深めることができたか。
（　　　　　　　　　　　　　　　　　　　　　　　　　　）

②「自分はどうかな。」と考えたり,自分の経験を思い出したり,自分のことについての理解を深めたりすることができたか。
（　　　　　　　　　　　　　　　　　　　　　　　　　　）

③ いろいろな見方,考え方をしたり,ふれたりすることができたか。
（　　　　　　　　　　　　　　　　　　　　　　　　　　）

④「これから,自分の良心に従ってよりよく生きよう」という気持ちをふくらませることができたか。
（　　　　　　　　　　　　　　　　　　　　　　　　　　）

3章
資料集

主体的に考えさせるための教材

心情円盤

作り方・使用方法

　半径12cmほどの円型に切り取った2色の色画用紙（色弱の生徒に配慮し，赤色と黄色など）を用意する。それぞれに半径と同じ長さの切り込みを入れて合わせると完成。自分の考えを視覚化して話し合うことができるため，さまざまな場面での話し合いに活用することができる。

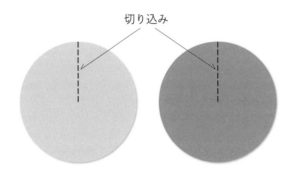

切り込みを入れた部分を相互に差し込んで回転できるようにすれば出来上がり。

〈 使用事例 〉
授業実践 8 「二通の手紙」（P.54 〜 P.57）
授業実践15「ごめんね，おばあちゃん」（P.82 〜 P.85）

話し合いカード

作り方・使用方法

　グループトークなどで話し合う際に，「窓側の人たちはAの立場で考えてみよう」，「廊下側の人たちはBの立場で考えてみよう」と教師が指示し，考えさせたり，班で話し合ったことを簡単に書かせたりするときに使用する。1つの事象を多面的に考えるときには，色画用紙を立場の違いなどに分けて考えさせると効果的である。

　また，裏にマグネットシートをつけることで黒板に掲示することができ，分類しやすい。

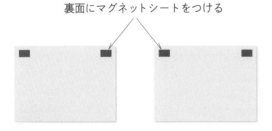

テーマに沿った形で用意するのもよい。

〈 使用事例 〉
授業実践10「傍観者でいいのか」（P.62 〜 P.65）
授業実践18「Aちゃんの繋いだ命」（P.94 〜 P.97）

主体的に考えさせるための座席配置

　普段の座席配置を少し変えるだけで，1つのことをみんなで考えていこうという意識が生徒に伝わり，深く考えさせることができる。テーマや主題に合わせて，座席配置を工夫して授業をしてみよう。

生徒の座席を少し傾けさせただけで，いつもの授業と違う雰囲気になる。

○コの字型
授業者は生徒一人ひとりの顔を見ながら授業進行できる。

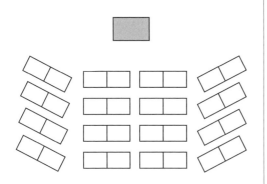
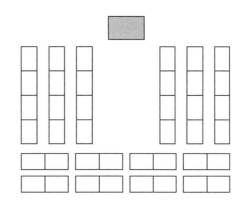

> 話し合い活動のポイント
> 授業者は，あらかじめ進行や記録（発表）を指示しておくことも大切である。

○接合型
ブレインストーミングやＫＪ法などで進めるときや，テーマを多面的・多角的に考えさせるときなどに，話し合いが行いやすい。

○放射型
それぞれの顔を見ながら話し合いができる。

4人放射型

4人の場合　　　3人の場合

授業実践1

裏庭でのできごと
編　文部省資料作成協力者会議

　チャイムが鳴り、給食時間が終わった。
食器を片付けると、校庭に向けて、みんな一斉に飛び出していった。
健二は、サッカーボールをボール箱の中から取った。
「健二、裏庭でやろうぜ。」
大輔と雄一が誘った。
「ええっ、裏庭はまずいよ。」
健二はそう答えてはみたものの、
「またこの前みたいに先輩にボールを取られてしまったらどうするんだよ。」
と大輔に言われては、返す言葉がなかった。
　三人で、体育館の裏の『裏庭』に行くと、さすがにだれもいなかった。
突然、大輔が「あっ」と声を上げた。
「ほら、ほら、あそこ。」
大輔が指さすほうを見ると、一匹の猫が、物置の軒下にある鳥の巣に侵入しようとしていた。巣の中には、まだ生まれて間もないひなが見えた。
「ああっ、どうしよう」健二がそう思った瞬間、雄一がボールを猫めがけて投げていた。猫は、ボールに驚いて逃げた。しかし、次の瞬間、ガシャーンという音がした。
　雄一が投げたボールが物置の天窓に当たり、ガラスがはじけた。
「雄一、よく助けたな。」
「でも、どうしよう。」
「しかたないだろ。ひなを助けようとしてやったことなんだから。先生に報告に行けばいいよ」
大輔は、ガラスを割ったことなど全然気にしていないようすだった。
「じゃあ、先生に報告してくるよ。」
雄一は職員室へ行こうとした。
「雄一、そんなの後でいいよ。俺たち、ひなの命を救うという、いいことしたんだぜ。少しぐらい遊んでもばちは当たらないぜ。」
大輔は、ボールを蹴りながら、そう言った。
「いや、今行ってくるよ。」
雄一は、大輔を振り切って職員室へと向かった。
　残された健二は、ガラスの片付けを始めようとした。
「健二、ちょっとだけやろうぜ。」
大輔は健二に向けてボールを蹴ってきた。
　二人は初め、軽く蹴っていたが、距離をとって強く蹴り始めた。

　そのうち健二が蹴ったボールが、さっきの物置のほうに飛んでいった。
「しまった」と思った時には、ガシャーンという音がして、ガラスが割れてしまった。見ると、さっき割ってしまったガラスのとなりのガラスが、粉々に飛び散っていた。
「どうしよう…」健二は、そう思った。
　そこに雄一が松尾先生を連れてきた。
「先生、ここです。」雄一は、物置の天窓を指した。
「ひなが猫にとられそうになったので、あわててボールを投げてしまったのです。」
雄一は、事情を説明し始めた。
「先生、雄一はひなを助けようとしてやったことなんです。おかげであのひなが助かったんです。許してやってください。」
大輔がすかさずそう言い添えて、雄一と松尾先生の間に割って入り、事情を説明した。
「どうも、すみませんでした。」
雄一は、深々と頭を下げた。
「よし、わかった。けがをしないようにしてガラスの破片を片付けておくように。終わったら、雄一は、職員室へ来るように。」
そう言い残して、松尾先生は職員室へ戻っていった。

「おい、どういうことなんだよ。ガラスが二枚割れているじゃないか。俺がさっき割ったガラスのとなりの、あのガラスは一体どうしたんだよ。」
雄一は、大輔に言った。
「俺じゃないぜ。おまえが職員室に行ってから二人で遊んでいたら健二がガラスを割ってしまったんだよ。」
大輔は、そう説明した。
「健二、おまえ、やっちゃったのかよ。」雄一は言った。
「ああ…」健二は、力なく答えた。
「なんだよ、汚ねえなぁ。二人でやったことを俺の割ったガラスに便乗させて。おまえら、調子よすぎるぜ。」雄一は憤慨しているようだった。
「でも、俺がうまく言ってやったから、そんなにきつく怒られずに済んだんじゃないか。そんなに冷たいこと言うなよ。友達じゃないか。」
大輔は、そう言うとドリブルをしながら、校庭のほうへ行ってしまった。
　残された二人の間には、気まずい雰囲気が漂い、無言のままだった。昼休みの終わりを告げるチャイムが鳴った。
　五時間目の授業は好きな英語だったが、健二は全然身が入らなかった。
授業が終わり、サッカー部の練習にいって、大輔

に会った健二は
「ぼく，先生に言いにいこうと思うんだ。」
と言った。
「いいよ，そんなこと。あの場で済んだことなんだから。」
「そんなこと言ったって…」
健二は後の言葉が続かなかった。
「いいか。俺を出し抜いて先生のところになんかいくなよ。おれの立場が悪くなるじゃないか。」
大輔は，ボールをもって，健二から離れていってしまった。
健二は，練習が終わっても，気が重かった。
次の日，健二は昨日のことが気になって，足取りの重いまま，学校へ向かった。
健二は，雄一に
「ぼく，やっぱり松尾先生のところにいってくるよ。」と言った。
「おい，大輔は…」雄一は，大輔のことを気にしているようだった。
健二は首を横に振ると，一人で職員室へと向かった。

出典：『道徳教育推進指導資料 中学校 読み物資料とその利用「主として自分自身に関すること」』文部科学省

授業実践2

ネット将棋

「うむむ，これは厳しいなぁ。」
　僕と敏和との将棋を横で見ている拓也がつぶやく。
　（分かっているよ。僕の負けだと言いたいのだろ。早く投了しろってことか。そんなことが簡単にできるか。）
　春休みが明けて，久しぶりの学校だ。金曜日の昼休み，多目的室での将棋タイムは楽しみの一つで，腕前は僕よりは下だと思っていた敏和と，一線交えていた。簡単に勝てると思っていたのに，僕の知っている敏和ではない。四十手ほどの指し手で，圧倒的に僕は不利な状況に追い詰められてしまった。
　（敏和のやつ，いつの間に強くなったんだ。こんな恥ずかしい負け方ができるものか。こうなれば，指し手を遅くして時間切れで逃げよう。）
　対局時計を使っての対戦ではないので，一手一手に考え込んでいる振りをして，徹底的に時間稼ぎをした。見ている和夫たちは退屈したのか，別の組の観戦に回った。
　やっと昼休み終了のチャイムが鳴った。僕はいかにも残念そうに言った。
「いいところなのに，時間切れだな。とりあえず引き分けということにしとくか。」
　敏和は嫌そうな顔もせず，手早く駒を片付けるのが，かえってしゃくにさわる。
　教室への廊下を歩きながら，拓也が敏和に話し掛けた。
「敏和，どうした。ちょっとの間に強くなっているじゃないか。」
　すると，敏和は笑いながら言った。
「実は，インターネット将棋を始めたんだ。そこで，定跡の勉強をしたり，対局を申し込んで実戦したりして。まだまだだけど，少しは強くなったかも。時間があったら，やってみて。いろんな道場があるから。」
　（敏和のやつ，そんなことをしていたのか。）
　聞き耳を立てていた僕は，さっそく試してみることにした。

　帰宅して，飛び付くようにパソコンに向かった。幾つかのサイトに当たってみて，これならまあ勝てそうだと思った中学生に対戦を申し込んだ。「持ち時間二十分，切れたら一手三十秒」の条件で応じてくれた。
　ところが，勝てるどころか，あっという間に僕の陣形は壊滅的な状態になった。これが同じ中学生の実力なのかと，情けなくなってきた。王将が詰むまでにはまだ手数はかかると思われたが，僕は完全に戦意を喪失して，これ以上やっても無駄だ，と感じた。ボロボロになった盤面を見ているのも嫌になり，僕は黙ってコンピュータ画面を閉じた。
　（どうせ顔が見えるわけでもなし，本名を名乗っているわけでもなし，相手だって本当に中学生かどうか怪しいものだ。みんなこんなものだろ。真面目にやってられるか。）
　しかし，そうは言っても何とか勝ちたくて，土曜日と日曜日はネット上の対戦をあちこち見物し，弱そうな相手に見当を付けて勝負を申し込んだりした。そういう時は，勝つには勝つが面白くない。技量が上の相手には，やはり勝つことができず，面白くない。どっちにしても，いきなりログアウトしてやる。
　（敏和はネット将棋で強くなったと言っていたけど，本当だろうか……。）
　週明けの月曜日，僕の隣の席で，明子の元気がない。落ち込んでいます，という沈んだ空気が体

中から出ている。思わず声を掛けた。
「明子，どうした。相当へこんでいるな。」
　すると，後ろの席から智子が言った。
「無理ないよ。昨日，ソフトボールの地区大会でヒロインになり損ねたもの。一点差で負けている七回裏，ツーアウトでランナー二・三塁，一打，逆転サヨナラの大チャンス。ここで打たなくてどうする。ところが，何とも情けない見逃しの三振，ゲームセット。これでへこまずにいられますかって。ヒロインじゃなくても，せめてデッドボールで塁に出たかったよ。最後のバッターになりたくないもん。『私のせいで負けました，ありがとうございました。』なんて絶対に嫌だから……。」
　僕は内心，つぶやいた。
（それは，そうだ。そんな気分の悪いこと，言えるか。）
「なのに，監督は終わりの挨拶で，『明子は二重にいい体験をしたな。ラストバッターの経験に加え，悔しさ紛れに，心を忘れた挨拶しかできなかった自分というものを知ったことだ。目の前の相手にお礼を言うことすらできないようでは，決して強くはなれないぞ。』だって。訳が分からないね。」
　間髪入れずに，
「私，今なら分かる気がする……。」
と，明子が言った。
　そこへ，敏和も話に入ってきた。
「僕の好きな将棋では，誰もがいつも最後のバッターだよ。誰も代わってくれないし，それに『負けました。』って，自分で言わないと対局が終わらない。」
　智子が驚いたように言う。
「それって，きついでしょ。」
「きつかったよ。特にネット将棋なんか，見えない相手に『お願いします。』で始まって，勝負がついたと思ったところで，自ら『負けました。』って言う。そして，終わりには『ありがとうございました。』と挨拶するんだけど，こういうのは，最初，実感がなかったなぁ。でも，目には見えない相手とどう向き合うかで，自分が試されてる気がしてきて，きちんと挨拶できるようになったよ。」
　静かに聞き入っている明子をよそに，智子は更に尋ねた。
「だからといって，強くなるわけじゃあないでしょ。」
「強くなるために，『負けました。』って言うのじゃないと思う。心から『負けました。』って言うことで，対局後の感想戦で検討される好手や悪手がスーッと頭に入ってきて，心に住みつく。それで，力が伸びていくのだと思う。初めての人とも仲良くなれるしね。だから，最後は『ありがとうございました。』って，本気で言えるんだ。」
　智子は，敏和と明子を交互に見ている。自分に言い聞かせるように，明子が言った。
「まあ私も，試合の前と後で，『お願いします。』『ありがとうございました。』は言っているけど，そこまで考えたことはなかったなあ。敏和くんって大人なんだ……。そうか，『負けました。』と言える試合をすればいいんだ。」
「ほぉー。明子，深いこと言うなあ。それとも，負けた言い訳かい。」
　敏和のツッコミに明子と智子は笑ったが，僕は笑えなかった。

出典：『私たちの道徳　中学校』文部科学省

授業実践 3

はやぶさプロジェクト

　平成二十二（二〇一〇）年六月十三日，地球を出発してから七年，約六十億キロメートルを旅した「はやぶさ」から放たれたカプセルが地球に着陸しました。
　「はやぶさ」の目的は，小惑星「イトカワ」に到着し，サンプルを採取し，地球に持ち帰ること。世界初の挑戦でした。
　プロジェクトが始まったのは平成八（一九九六）年。宇宙科学研究所（現宇宙航空研究開発機構）の川口淳一郎教授を中心に，軌道計算，通信，力学，宇宙科学などの専門家が様々な所属先から集められました。全てが初めてのことだけに，時には学生もアイディアを出し合うところからの出発でした。二度の打ち上げの延期などを経て，平成十五（二〇〇三）年五月，「はやぶさ」は打ち上げられます。
　その後も順調にはいきません。姿勢制御装置の故障という深刻なトラブル。イトカワに到着後一回目のタッチダウンの失敗。しかし，最後のチャンスで「はやぶさ」が人類史上初めて小惑星のサンプル採取に取り組んだ様子は全世界に中継されました。
　ところが数時間後には，今度は燃料が漏れ出すトラブルが発生。サンプル採取が失敗だった可能性が高いことも明らかになり，プロジェクトメンバーは記者会見の対応に追われます。さらに，「はやぶさ」からの通信も途絶えてしまいました。

それでも,幾多の試練を乗り越えて,「はやぶさ」は地球に帰ってきました。帰還の日,カプセルを切り離した後,大気圏に入り「はやぶさ」は燃え尽き,夜空に消えました。カプセルからは,採取した粒子が確認されました。
　川口教授は言います。
「あのとき,『もう無理なんじゃないか』と弱気になる自分がいましたが,決して弱音は吐きませんでした。メンバー全員が『はやぶさのゴールはイトカワではなく,地球だ』と認識を共有し,最後までゆらぎもなかったと思います。すべてのエンジニアの技術と経験,絶対にあきらめないという気持ち,そして我々の期待と願いに応え,運用している人間が驚かされるほどの頑張りを見せた『はやぶさ』,そこに奇跡が加わり,壮大な旅を終えることができたと思います。」

出典:『私たちの道徳 中学校』文部科学省

授業実践 4

理想通りにいかない現実もある

目標の実現に向けた道のりは
決して平坦ではない。
例えば,
勉強にしても,スポーツにしても,芸術にしても
自分なりに努力したつもりでも
うまくいかないこともある。
各分野の第一線で活躍する人たちも
同じように苦い経験や挫折を味わいながら
それを乗り越えてきた。
優雅に泳ぐ白鳥は,
水面下で懸命に水をかいているのだ。

出典:『私たちの道徳 中学校』文部科学省

授業実践 4

目標を目指しやり抜く強い意志を

「行く手に大きな壁が立ちはだかっていたら,その向こうに帽子を投げろ。」
というアイルランドのことわざがあるそうだ。
帽子を取るために,その壁を乗り越えなければならなくなる。

誰にも目標や希望がある。
もう少しで達成できそうな目標,
人生を賭けて挑戦する目標,
どれも生きていく上での大きな活力になる。

目標達成の満足感は,自信や更なる勇気をもたらす。
だが,大抵の場合,その過程でいろいろな壁にぶつかる。
そのとき,壁の向こうに希望を投げ込み,
それを越えていくという強い意志が,
人生を切り拓いていくのではないだろうか。

出典:『私たちの道徳 中学校』文部科学省

授業実践 4

「内なる敵」

　困難を乗り越えながら訓練を続ける宇宙飛行士南波六太。
「じゃあ,君には敵はいないと……?」
という問い掛けに,一言一言かみしめるように答えた。
　自分の夢を散々邪魔して,足を引っ張り続けたのは,結局自分であったことを振り返る。

出典:『私たちの道徳 中学校』文部科学省

授業実践 5

人物探訪　湯川秀樹

「そうかもしれん,そうでないかもしれん,ようわからん。」
　大学の講義での湯川博士の口ぐせである。そして「近頃の学生は『はっきりしてへんことは聞かんでもええ』と言うんや。」とぼやいたという。
　たったこれだけのエピソードに,湯川博士の真理を愛する姿勢が見て取れる。学問というのは常にそのフロンティアをひろげていっているもので,その先端ではまだまだ解明できないことがいくら

でもあり，ああでもない，こうでもない，と思い巡らすプロセスこそが重要であることを湯川博士は学生に伝えたかったのだろう。

世界的な科学者が飄々としながら分からないことを謙虚に受け止めている姿は，「人間湯川」の大きさを感じさせるとともに，真理や真実を探求する者にとって最も大切なことを教えている。

また湯川博士は著者の中で「現実は決して真実の全部ではない。」とも記している。現実の背後にある広大な真実の世界を探し続けた，湯川博士の強い思いが伝わってくる。

後にノーベル賞受賞につながる「中間子論」を発見した当時に住んでいた，苦楽園（兵庫県西宮市）の小学校の校庭に建つ記念碑には，湯川博士の「未知の世界を探求する人々は地図を持たない旅人である。」という言葉が刻まれている。

出典：『私たちの道徳 中学校』文部科学省
（湯川秀樹『湯川秀樹著作集1 学問について』岩波書店より一部引用）

授業実践6

キタジマくんからのメッセージ

文　北島康介

これまで二十年間，好きな水泳を続けてきたけど，ぼく一人だけでは続けられなかった。周りで支えてくれる人たちや，がんばれる環境があったからこそ，やってこられたんだ。

まずはやっぱり両親の存在が大きかった。小，中学生のときには練習場のスイミングセンターまでの送りむかえをしてくれたことはもちろん，ぼくが水泳に打ちこんでいる姿をなにも言わずに応援してくれた。練習に行きたくないときには「練習行きなさい！」っておこられたり，「勉強しなさい。」「かたづけなさい。」とか注意されたりはしたけど，水泳について「あれしなさい。」「これしなさい。」とはいっさい言われなかった。ぼくは，人から「これをやりなさい。」って言われるとやりたくなくなるタイプだから，両親はそんなぼくの性格をわかっていたのかもね。そのぶん，中学，高校のときは，家に帰ってごはんも食べずにねてしまうときもあったくらい，ばりばり泳いでいた。

たぶん，「康介が好きなものなら，やれるところまでやってみなさい。」という感じだったのかな。ほんと，ぼくを静かに応援してくれていたことが，今まで続けてこられた大きな部分だし，感謝している。

そして，今でもお世話になっているスイミングセンターの環境がぼくにとってはすごくよかった。平井伯昌コーチをはじめとして，スイミングセンターの先生たちは厳しかったけど，実力差関係なしに，子どもたちに「自分の力でがんばるんだぞ。」というメッセージを伝えるのがうまかった。

選手とコーチの関係は，人によってそれぞれちがうものなので，こうあるべきみたいな答えはないんだけど，ぼくにとってコーチは水泳のコーチであり，先生みたいな存在でもあると言えばいいのかな。特に小さいころは，学校の先生と同じように思っていたのかもしれない。

自分では気づいていなかった力をうまく引き出し，レースでの結果につなげられたのは，平井先生の力が大きかったと思う。ふだんの水泳についての指導はもちろん，練習が終わったあと，トレーニングにいっしょに行ったりしていただいたことも記憶に残っている。厳しい練習のときは，当時中学生だから「えー，いやだな。」と思ったりもしたんだけど，大会で結果が出るようになってくると，そのたびにふり返って，「あ，ぼくのためにいろいろしてくれていたんだな。」と感謝の気持ちがどんどん強くなってきた。

それから，オリンピックは雲の上のことだと思っていたぼくに，「オリンピック行きたいか。」と声をかけて，その気にさせてくれたのも平井先生だった。もちろんすぐには行けなかったけれど，それに向かってみようと思うようになれた。

どれだけやる気を出させるか，結果が出るように試合に対してどれだけ前向きにするか。それを常に考えて，ぼくのために道をつくってくれたと思う。

平井先生からは「こうしなさい。」とか「これをしなきゃだめだ。」と言われたことはないんだ。それは，ぼくがあまりいろいろ言われるとだめな性格であることをわかっていて，そう接してきてくれたのかもしれない。うまくいかず，苦労しているときは，いっしょに考えてくれた。

いずれにしても，喜びや苦しみを共有してもらえるコーチは，いっしょにいて心強い存在になると思う。コーチは，選手が自信を持ってスタート台に上がるまでのパートナー，ともいえるから，いっしょにスタート台に立つことはできなくても，選手を信じてストップウオッチをにぎってもらえるとやっぱりうれしい。

両親がなにも言わなかったのは，コーチたちがしっかりぼくを指導してくれて，めんどうを見てくれたからだと思う。ほんとうに先生たちを信頼していた。これってすごいことだと思うし，ぼく

はめぐまれていたんだと思う。
　あとは，ぼくを応援してくれた学校の友達や先生。
　小さいころは学校とスイミングセンターの往復だったから，放課後に友達と遊ぶ時間がなかったのがつらかったけど，ぼくが水泳でがんばっていることがわかると，自然に応援してくれたし，学校の先生も温かく見守ってくれる人が多かった。なかには厳しい先生もいたけど，時間や規則をしっかり守ることの大切さを教えてもらった。
　水泳に限らず，自分がなにかにいっしょうけんめい取り組めるのは，周りに必ず自分を支え，応援してくれる人がいるからだと思う。そのことを覚えておいてほしい。

出典：『中学道徳1　明日をひらく』東京書籍
（『前略，がんばっているみんなへ』ベースボール・マガジン社による）

授業実践 8

二通の手紙

文　白木みどり

「申しわけございません。お客様。あいにくたった今，入園券の販売を終了いたしましたので，規則上お入れするわけにはまいりません。またのご来園をお待ちしております。」
　高校生くらいの二人組の若い女の子は，佐々木さんの言葉に不服な顔をしながら去っていった。この市営動物園の入園終了時間は午後四時，今わずかに数分を回ったところだった。
「まったく，佐々木さんは頭が固いんだから。二，三分過ぎたからってどうしたっていうんですよ。今日はまだずいぶん客が入っているんですよ。」
「山田君がかわいそうだと思う気持ちはわかる。しかしまあ待て，おれの話を聞いてくれないか。」
　そう言うと，佐々木さんはなにかを思い出かのようにゆっくりと話し始めた。

　何年か前，同じ入園係の仕事をしていた元さんっていう人がいたんだ。元さんは，定年までの数十年をこの動物園で働いていたんだ。その働きぶりはだれもが感心するものだった。ところが，定年間ぎわに奥さんをなくしてしまった。子どもがいなかったものだから，話し相手も身寄りもなかった。その落胆ぶりは，見ていても気の毒なくらいだったよ。「このまま職場を去ったら，なにを楽しみに生きていこうかねえ。」元さんのいつも

の口癖だった。しかし，それまでの勤勉さとまじめさをかわれて退職後も，引き続き臨時で働かないかという話が持ち上がったんだ。元さんの生きがいがまたできたっていうわけだ。
　たしか学校が春休みに入ったころだな。毎日終了間ぎわに，きまって女の子が弟の手を引いてやってきたんだ。小学校三年生くらいの子なんだよ。弟のほうは三，四歳といったところかな。いつも入場門のさくのところに身を乗り出して園内をのぞいていたんだ。ときどき，弟を抱っこしてのぞかせてやったりしてね。そんな様子がほほえましくて，おれと元さんは顔を見合わせてながめていたよ。
　そんなある日のこと，入園終了時間が過ぎて入り口を閉めようとしていると，いつもの姉弟があらわれた。何だかいつもと様子がちがう。
「おじちゃん，お願いします。」
「もう終わりだよ。それにここは，小さい子はおうちの人がいっしょじゃないと入れないんだ。」
「でも……。これでやっと入れると思ったのに……。キリンさんや象さんに会えると思ったのに……今日は弟の誕生日だから……だから見せてやりたかったのに……。」
　今にも泣きださんばかりの女の子の手には，しっかりと入園料がにぎりしめられていた。なにか事情があって，親といっしょに来られないということは察しがついた。
「そうか，そんなにキリンや象に会いたかったのか。よし，じゃ，おじさんが二人を特別に中に入れてあげよう。そのかわりなるべく早く見てもどるんだよ。もし，出口がわからなくなったら係の人を探して，教えてもらいなさい。おじさんはそこで待っているからね。」
　入園時間も過ぎている。しかも小学生以下の子どもは，保護者同伴でなければならないという園の規則を元さんが知らないはずがない。けれども，何日も二人の様子を見ていた元さんだった。元さんのそのときの判断におれも異存はなかった。
「ご来園のお客様に終了時間のお知らせをいたします。五時をもちまして当園出口を閉門いたします。本日は，中央動物園にご来園，まことにありがとうございました。」
　閉門十五分前の園内アナウンスだった。別れの曲が流れ，園内の人々は足早に出口へと向かう。出口事務所の前で待っていた元さんは，さっきから何度も自分の腕時計と，歩いてくる人々とに交互に視線を向けていた。
　閉門時間の五時，とうとう人の流れがとまり，もうだれも出てくる気配はない。今にも門は閉鎖されようとしている。それからがたいへんだった。

出口の担当職員に二人の姉弟を入場させたいきさつを告げ，各部署の担当係員に内線電話での連絡がいきわたった。園内職員をあげていっせいに二人の子どもの捜索が始まったのだ。

　十分，二十分，刻々と時間は経過する。事務所の中，いのるような気持ちで元さんは連絡を待った。うっすらとあたりが暮れかかったころ，机の上の電話のベルが鳴った。
「見つかったか。」
　園内の雑木林の中の小さな池で，遊んでいた二人を発見したとの報告だった。
　数日後，事務所へ元さんあてに一通の手紙が届いた。その手紙を元さんは，何度も何度もくり返し，読んでいた。

　前略
　とつぜんのお手紙でおどろかれることと思います。お許しください。私は，先日そちらの動物園でお世話になりました二人の子どもの母親でございます。その節は，みな様にたいへんなごめいわくをかけてしまいましたことを心よりおわび申し上げます。
　実は，主人が今年に入って病気でたおれてから，私が働きに出るようになったのです。その間，あの子たちは，いつも私の帰りを夜おそくまで待っていることが多くなりました。弟のめんどうを見ながら待っている幼いむすめの姿を想像すると，どんなにたいへんだったか，さびしかったか。今さらながらに胸が痛みます。そんな折りに，子どもから聞いたのが動物園の話でした。今度連れていってあげると言ってはみるものの，そんなめどすら立たない日々でした。
　よほど中に入りたかったのでしょう。弟の誕生日だったあの日，むすめは自分でためたおこづかいで，どうしても中に入って弟に見せてやりたかったのだと思います。
　そんな子どもの心を察して，中に入れてくださった温かいお気持ちに心から感謝いたします。自分たちのふしまつは，子どもながらにもわかっていたようでした。けれども，あの晩の二人のはしゃぎようは，長い間この家で見ることのなかった光景だったのです。
　あの子たちの夢を大切に思ってくださり，私たち親子にひとときの幸福を与えてくださったあなた様のことは，一生忘れることはないでしょう。
　ほんとうにありがとうございました。
　　　　　　　　　　　　　　　　　かしこ

　ところが，喜びもつかの間，元さんは上司から呼び出された。もどってきた元さんの手には，手紙がにぎりしめられていた。それは「懲戒処分」の通告だった。今度の事件が問題になり，元さんは停職処分を受けた。
　そんなばかなことって……。おれはどうしてもなっとくいかなかった。あんなにあの子たちも母親も喜んでくれたじゃないか。それにここの従業員だって，みんな協力的だった。それなのになんでこんなことになるんだ。
　元さんは，二通の手紙を机の上に並べてこう言った。
「子どもたちになにごともなくてよかった。私の無責任な判断で，万が一事故にでもなっていたらと思うと……。この二通の手紙のおかげでまた，新たな出発ができそうです。本当にお世話になりました。」
　はればれとした顔で元さんは身の回りをかたづけ，そして，この日をもって自ら職を辞し，職場を去って行った。

出典：『中学道徳3　明日をひらく』東京書籍
（『道徳教育推進指導資料　中学校　社会のルールを大切にする心を育てる』文部科学省）

授業実践9

缶コーヒー
　　　　　　　文　神奈川県道徳授業研究会

「おはよう。今朝は，私より早かったわね。」
「はい，今日から学期末試験なんです。」
　私の母くらいの年輩のおばさんが，いつものとおり通路側のとなりの席にすわった。乗り合わせる人はいつも同じ顔ぶれなので，すっかりおなじみだ。おばさんが通路側の席にすわるには理由がある。私より先に下車するからだ。なんでも青果市場で事務をしているらしい。朝の通勤電車には，いつも同じ人が，同じ車両の同じ席にすわっているからおもしろい。
　昨年暮れにわが家が郊外に転居したので，それ以来，私は五十分間の電車通学をしている。いつも六時四十三分発の電車に乗っている。朝早く起きるのは少しつらいけれど，毎朝，知り合いになった人たちとおしゃべりできるのはちょっとした楽しみでもある。電車が発車すると，私はテストのためにまとめたノートを取り出して再確認を始めた。
　次の駅で，ＯＬらしい人が，大きなバッグを肩からかけ，イヤホンで音楽を聞きながら乗ってき

た。「チャカ，チャカ，チャカ……」と，その音楽が私の耳にまで聞こえてくる。片手に菓子パン，反対の手に缶コーヒーを持ち，私の前の席にむぞうさにすわった。私はイヤホンからもれてくる音が気になり，ときどき窓の外の景色を見て気分を転換させた。気を取り直して，まとめノートをひざの上に置き，教科書を出した。

　しばらくして，その女性はパンを食べ始めた。朝食なのだろう。缶のふたを開けて，窓のところに置いたので，
（電車の振動でたおれたら困るな。）
と思った。思ったとたんに，コーヒーの缶が，ズズーズーと動いた。電車がカーブしたのだろう。
（あっ，落ちる。）
　手が出そうになったが，缶はそのまま落ち着いた。
　私はまた教科書に目をやった。今朝の電車の運転はなんとなくあらっぽくて，私の手も二度三度出そうになった。たまらなくなって，
「あのー，落ちるといけませんから，缶を手で持っていただけませんか。」
　年上の人にお願いするのだから，私は努めてていねいに言った。ところが，聞こえないのか返事がない。パンを食べながら週刊誌を見ている。私はいらだつ気持ちをおさえながらも，教科書に目を通していた。車内はだいぶこんできた。
　とつぜん急ブレーキがかかった。とたんにコーヒー缶はすべりだし，私のひざの上に落ちて床に転がった。飲み残しのコーヒーが，私のノートとスカートをぬらした。とうとう心配していたことが現実になってしまった。
　すると，その女性は，
「あらっ，落ちてしまったわ。ごめんなさい……。」
と言って，やっとイヤホンを耳から外し，バッグの中を探し始めた。
　私はすばやくハンカチを出して，スカートのよごれた部分とノートをふいた。
「すみません，よごしちゃって，ごめんなさいね。電車が急ブレーキをかけるから，いけないのよ……。まったく……，しょうがないわね……。」
「そうですね。それに私がもっと早く足を引っこめればよかったんです……。」
　電車は駅に着いた。その女性は，
「すみませんでした……。」
と頭をぴょこんと下げて，こんでいる人をかき分けるようにおりていった。空き缶が，ころころと私の足下に転がってきたので，拾って足下のすみのほうに置いた。それを見ていたとなりのおばさんが，

「あんた，しっかりしなさいよ……。」
と，強い口調で言ってきた。
「なんでもっと強く言わなかったのよ。いらいらしちゃったわよ。だってそうでしょ……，あんたはあのOLさんに，缶が落ちそうだから手に持ってと言ったでしょ……。それなのに電車が急ブレーキをかけるからいけないんだとはなにさ。まったく，悪いのはみんな他人様ということになっちゃうよ……。それにその缶だって，拾ってもいかないで……。」
と，よほど気にさわったのか，かっかとしながら話し続けた。
「自分のことしか考えない。自分のしたことのあとしまつもできない人間が多くなって困るわよ。こんな自分勝手が通ったら，これからの日本の社会はどうなるんだろう。あんたもあんたよ，『足を引っこめればよかった。』なんて言うことはなかったのよ。」

出典：『中学道徳3　明日をひらく』東京書籍
（『中学校道徳自作資料集2年』明治図書）

授業実践 10

傍観者でいいのか

　夕べからの雨が降り続いている。「今日も雨か。」
　昨日，帰るときAさんの上履きがぬれて泥だらけになっていたことを思い出した。
「遅れるわよ。急ぎなさい。」と母の声が聞こえた。私は，重たいかばんを引きずるようにして家を出た。学校へは行きたくなかった。学級が嫌だった。

　二年生になって学級替えがあった。私はみんなに推薦されて学級代表になった。にぎやかな学級だなあと思っていた。そして，みんなのためにできることをやろうと思った。
　初めて一緒の学級になった人の中にAさんがいた。気が弱く，ちょっと頼りなさそうなところがあったが，冗談を言って周りを笑わせる。何を言われてもニヤニヤ笑っていた。AさんはBさんやそのグループの仲間といつも一緒だった。毎朝Bさんの家に迎えに行き，Bさんの荷物をもって登校していた。私は，「断ればいいのに…」と思っていた。

　ある日，Aさんは朝寝坊をしたらしく，Bさん

の家に寄らずにあわてて登校することがあった。登校すると，AさんはBさんたちに呼ばれた。戻ってきたAさんは下を向いて苦しげだったが，すぐに冗談を言っていつものようにおどけていた。それからは，Aさんは今までにもましてBさんたちの言いなりになった。学級のみんなの前でもBさんは平気でAさんをからかったり，命令したりするようになっていた。学級の人の中にはBさんたちと一緒にAさんをからかって笑う人まで出てきた。でも，ほとんどの人は，何も言わなかったし，何もしなかった。

　Bさんは「Aが遊ぼうっていうから一緒に遊んでやっているだけだし，Aだって笑っているじゃないか。」と声高にみんなに話していた。

　私は，「Aさん，なんで笑っているの。怒ればいいのに…。」と思った。

　一学期の終わりころになると，Aさんは身体の不調を訴え，早退したり欠席したりすることが多くなった。

　放課後，私は掲示物を直していた。その時，思い詰めたような顔をしたDさんに話しかけられた。「Aさんをこれ以上ほうっておけない。」私は，はっとした。

　Dさんは，休んでいるAさんの家に行って話を聞いたそうだ。Aさんはボロボロと涙を流して「いじめられるのはつらい。もう学校へは行かない。」と言ったそうだ。Bさんたちから言われたことを断ると，殴られたりしていたそうだ。

　やっぱりつらかったんだ。苦しかったんだと思った。

　早速，Dさんと一緒に先生に相談に行った。次の日に学級の代表者で話し合いを開くことになった。放課後の話し合いは長時間に及ぶ真剣な会になった。

　「この学級からいじめをなくそう。見て見ぬふりはひきょうだ。」

　長時間の話し合いの結論であった。

出典：『人権教育プログラム』東京都教育委員会

授業実践 11

広い海へ出てみよう
　　　　文　東京海洋大学名誉博士　さかなクン

　中1のとき，吹奏楽部で一緒だった友人に，だれも口をきかなくなったときがありました。いばっていた先輩が3年になったとたん，無視されたこともありました。突然のことで，わけはわかりませんでした。

　でも，さかなの世界と似ていました。たとえばメジナは海の中で仲良く群れて泳いでいます。せまい水槽に一緒に入れたら，1匹を仲間はずれにして攻撃し始めたのです。けがしてかわいそうで，そのさかなを別の水槽に入れました。すると残ったメジナは別の1匹をいじめ始めました。助け出しても，また次のいじめられっ子が出てきます。いじめっ子を水槽から出しても新たないじめっ子があらわれます。

　広い海の中ならこんなことはないのに，小さな世界に閉じこめると，なぜかいじめが始まるのです。同じ場所にすみ，同じエサを食べる，同じ種類同士です。

　中学時代のいじめも，小さな部活動でおきました。ぼくは，いじめる子たちに「なんで？」ときけませんでした。でも仲間はずれにされた子と，よくさかなつりに行きました。学校から離れて，海岸で一緒に糸をたれているだけで，その子はほっとした表情になっていました。話をきいてあげたり，励ましたりできなかったけれど，だれかが隣にいるだけで安心できたのかもしれません。

　ぼくは変わりものですが，大自然のなか，さかなに夢中になっていたらいやなことも忘れます。大切な友だちができる時期，小さなカゴの中でだれかをいじめたり，悩んでいたりしても楽しい思い出は残りません。外には楽しいことがたくさんあるのにもったいないですよ。広い空の下，広い海へ出てみましょう。

朝日新聞　2006年12月2日掲載

授業実践 12

町内会デビュー

　昼下がりの通りを，パトカーがけたたましくサイレンを鳴らして走った。十分ほどして，町の広報車が来た。

　「先ほど，田中町三丁目の川沿いでクマが目撃されました。外出は控えてください。」

　幸いにも人に被害はなかったが，クマの出現で町中が大騒ぎになった。

あれから一年後，またクマの出現が予想される季節になり，町内会が公民館で開かれた。クマとの遭遇への不安を何とかしたいのだが，相手がクマでは決定的な方法があるわけではない。
「昔はこんなことはなかった。生活が変わったからかな。この間，テレビで，人間の住むところが山と直接つながったのがクマやイノシシや鹿やらが出る原因だと言っていた。」
　長老の発言で，会場は妙にしんみりとなった。一呼吸の後，町内会長が立ち上がった。
「提案ですが，人間と動物との中間地帯があるといいということですので，共同作業で町と山との境の草刈りと掃除をしてみませんか。町内全域というのはとても無理ですが，せめて昨年クマの出た川沿いのあたりだけでも。私たちにできることは私たちでしませんか。」
　町内会長の提案は採択され，緊急の回覧板が回された。今度の日曜日に一斉の共同作業である。各家庭から一人が作業に参加するのが町内会の決まりだ。

「明，今度の日曜日の共同作業，中川家代表でお願いね。」
　母の言葉に，明の夕食の箸が止まった。
「ええっ，どうして僕なの。共同作業の時は，お父さんが帰ってくるじゃない。」
「そうだけど，今度のはクマ対策ということで，臨時の特別作業なの。年間予定で分かっていれば，お父さんに赴任先から帰ってもらえるけど，今回はもう仕事が入っていて無理だって。」
「だったら，お母さんが出れば。」
「それがねえ，パートが休めないの。何とかならないかと思ったのだけど，もうシフトが確定していて，皆さんに迷惑を掛けるわけにいかないし。」
「僕はまだ，中学生だよ。」
「もう中学生だから，大丈夫。申し訳ないけど，部活は休ませてもらってよ。ただの作業じゃなくて，クマ対策だから中学校のお役にも立つというものよ。感謝されてもいいくらいよ。」
「よくそんな理屈が出てくるよ……。知らない人の中でするの，いやだよ。」
　いくらクマのこととはいえ，大人に混じっての作業など，どのような雰囲気か想像できない。浮いてしまって居場所がなくて，おろおろしている自分の姿が目に浮かぶ。
「大丈夫よ。心配しないで。みなさん，面倒見てくださるから。明の町内会デビューね。」
　家の事情を思えば仕方のないことも，理屈では分かる。だが素直にうなずけない。明は黙って台所を出た。

　次の日，明は改めて母から共同作業への協力を頼まれた。
「明，日曜日の作業，お願いね。中川家代表だから，逃げられないわね。」
「逃げるって，どういうことだよ。」
　明は，思わず大きな声になった。母は肩をすくめて言った。
「ごめん，ごめん。気にさわったかしら。励ましとお願いのつもりだからね。」

　日曜日がきた。母は相変わらずの調子である。
「さあ，ぼちぼち集合の時間よ。お昼はカレーを作っておいたから，温めて食べてね。私もパートだから，そこまで一緒に行こうよ。最初の挨拶はしてあげるから。あっ，それは過保護か。」
「本気でひとごとだと思ってるだろ。」
　明は，しぶしぶ腰を上げた。
　集合場所の公民館前の駐車場に行くと，明はいきなり声を掛けられた。
「おっ，中川君の息子だな，ご苦労さん。頑張ろうな。」
　明は面食らって，しどろもどろの返事をした。
「ええ，はあ，そうですが……。何で分かったんですか」
「同級生だよ。同級生の佐藤だよ。君は中川君とそっくりだから，すぐ分かったよ。いいなあ，君のような若い人が来てくれるのは。こっちにおいでよ。みんなに紹介するよ。」
　あれよあれよという間に，明は中川家の代表だという紹介をされ，まわりを笑顔で囲まれた。
　作業は，視界を妨げる立木の伐採，草刈りとゴミ拾いである。念のため，クマよけの音を鳴らしている。
　どうしようかと戸惑っていると，五軒先の吉田さんのおばあさんが目に入った。鎌の使い方が堂に入っているので，つい見とれていると，
「明くん。」
と，声を掛けてきた。
「草刈りなんかしたことないだろう。ほら，こんなふうにしてごらん。草を握った手元の近いところに鎌を当てて，手前に引くように……。欲張って一度にたくさん草を握ると手をけがするから，ほどほどに……。
そうそう，なかなか手つきがいいよ。若い者は飲み込みが早いね。」
　褒められると元気が出る。ザクッ，ザクッといい調子で刈る。刈り取った跡が空き地のようにはっきりするので，いかにも仕事をしている気分が高まる。思わずペースが上がる。するとまた吉田

さんから声が掛かる。
「張り切りすぎるとバテるよ。一定の調子で，リズムよく出来るくらいの力加減でやると疲れないよ。」
　秋も終わりに近い季節であるが，汗が噴き出る。軍手をした手の甲で，額の汗を拭く。続けていると腰も痛くなってくる。腰をトントンとたたきながらふと周りを見ると，何人かの人が，刈り取った草を運んでいる。凸凹で足元が良くないところで足をとられそうになる人もいる。
「よし。」
　明は，あちこちに散らばっている切ったばかりの草や枝を集めて運び始めた。生の枝や束ねた草は思ったよりも重い。抱えて運ぶのは重労働だ。
「やあ，よく気が付いたなあ。助かるわ。」
　明は，確かにこの仕事はお年寄りの仕事ではないと思った。

　十二時を過ぎて，町内会長が作業終了をふれて回った。
「本日の作業は終了です。集まってください。」
　再び集合した参加者に，町内会長が拡声器のマイクを持って，お礼の挨拶をした。
「どなたも，お疲れ様でした。おかげで，作業が予定通りに終了しました。これでクマが絶対に出ないというわけではありませんが，いきなりクマとぶつかる危険はずいぶん減ったと思います。今回は急なことでしたが熱心に参加していただいて，嬉しく思います。初めての参加の方もおられました。これを機会にお近づきになれれば，ありがたいです。クマとの出会いはいりませんが，こういう出会いは歓迎です。」
「クマみたいな者はいるぞ。」
という声も飛んだが，拍手が起きた。参加者には，大人にはビールとおつまみが，明にはパンとスポーツドリンクが配られた。明が帰ろうとすると，佐藤さんとお年寄りたちが寄ってきた。
「明君，今日は来てくれて，ありがとう。若い人がいると作業が早いわ。」
「そうそう。こっちまで元気になれるよ。中川家代表，お疲れ様。」
　明は，くすぐったかったけれど，なんだか大人になったような気持ちがした。
　帰宅した明は，カレーを温めて大盛りにした。いつもの母の味だとは思いながらも，ちょっと甘いのではないかと感じてソースをたっぷりかけた。

　翌朝，明がいつものように玄関を出ると，吉田さんが家の前を掃いていた。いつもは頭をペコっと下げるだけの明だったが，小走りに近寄って自分から声を掛けた。
「おはようございます。」
「あら，明くん，おはよう。昨日はお疲れ様。腰が痛くならなかったかしら。」
「はい。なんとも。吉田さんこそ大丈夫ですか。」
　その日，通学の途中で，明はあちこちから声を掛けられた。朗らかな声でそれに応えながら，明は，背筋を伸ばして，大股で学校に向かった。

出典：『中学校道徳　読み物資料集』文部科学省

授業実践13

加山さんの願い

文　藤永芳純

　加山さんは散歩が好きだ。会社を定年退職して，最初は健康のために始めたのだが，実際に歩いてみると見慣れていた風景が新鮮に見える。あちこちとコースを変えて歩いていると，季節の変化が感じられ，また同じ町に住む人々の生活が少しずつ見えてくるようになった。
　ある日，加山さんはいつものように散歩しながら，年老いて一人暮らしの佐藤さんの家の前まで来て，新聞受けに新聞がたまっているのに気づいた。(あれ？)と思った加山さんは，
「佐藤さん，佐藤さん，いるの？」
と声をかけてみたが，返事はない。やはり留守なのかと思い，なにげなく玄関の戸を引くと，ガラガラと開いた。
「佐藤さん，佐藤さん。」
と呼びながら，一歩玄関に足をふみ入れ，奥をのぞいたとたん，加山さんは息をのんだ。佐藤さんがたたみの上に，うつぶせにたおれていたのである。
　それからしばらくのことを，加山さんはくわしく思い出せない。ともかく救急車を呼び，警察にも連絡した。心臓発作でたおれた佐藤さんは，死後三日たってはじめて，加山さんに発見されたのであった。
　(だれだって，いつか死ぬのだけど，三日間も知られずにいたなんてつらいな。それにしても，いつも声をかけるようにしていたら，佐藤さんのことも，もっと早くわかったかもしれないのに……。)
　加山さんは，だれにも知られずに一人で死んでいった佐藤さんのことを思っては，悔やんだ。
　(どうすればいい。私にでもなにかできることがあるだろうか。)

そんなとき，市の広報に目がとまった。加山さんは，その中の「訪問ボランティア」という見出しに興味をひかれた。市内の一人暮らしのお年寄りを訪問し，健康状態などを確認し，話し相手になって，必要ならできる範囲で身の回りの介護をするというものである。
　（これなら私にもできそうだ。それに今の自分の思いにいちばんふさわしい。）
　加山さんはさっそくボランティア・センターに登録して，活動を始めた。
　（老人の話し相手になるぐらいかんたんなことだ。）
　と，加山さんは思っていた。だが，最初におとずれた中井さんはけんもほろろに，
「なにか売りつける気か。」
と言って，追い返そうとした。加山さんはさすがにむっとした。
「市のボランティア活動で，訪問に来ました。なにかしてあげられることはありませんか。」
「そんなものたのんだ覚えはない。いらぬ世話はしないでくれ。」
　中井さんはそっけなく背を向けた。あとはなにを言っても返事はなく，取りつく島もない。どうしてよいのかわからないまま，加山さんはすごすご帰るしかなかった。
　（せっかく訪ねてやっているのに，あの態度はなんだ……。一人暮らしの老人はだれもさみしがっているのではないのか。訪ねてもらえばうれしいのではないのか。）
　加山さんは腹立たしいやら情けないやら，ほんとうにつかれた思いで足が重かった。
　（……まあ，中井さんは例外だろう。あんなわからずやは，そういるものではない。次の田中さんはちがうだろう。）
　田中さんは足が不自由でねていることが多く，そうじや買い物なども手伝うことになっていた。食料品の買い物などは少しはずかしい気もしたが，いかにも世話をしているという実感があった。
「慣れないことでたいへんでしょう。すみませんね。」
　田中さんは，いかにも申しわけなさそうに礼を言ってくれる。加山さんとしても悪い気はしない。
　（よいことをしているんだなあ，ボランティアを始めてよかった。）
　中井さんの予想外の反応に落胆した加山さんだが，思いどおりにならないからといって中井さんへの訪問をかんたんにやめるわけにはいかなかった。田中さんへの訪問で元気を取りもどせるのが救いだった。
　だが，何回かの訪問を重ねても中井さんとはうまく交流ができなかった。
「お元気ですか。なにかしてほしいことはありませんか。」
と声をかけても，「なにもない。」という返事が返ってくるだけだった。それでも，行かなくては，という義務感から加山さんは訪問を続けていた。
　ある日，近所の後藤さんに声をかけられた。
「加山さん，このごろ市のボランティアを始められたとか。さすが，経済的に余裕のある方はちがいますね。うらやましい。私などは貧乏ひまなしですよ。なんとか『ボランティアしてます』って，かっこうよく胸を張って言えるようになりたいものですな。」
　後藤さんの言葉は加山さんの心をよけいに重くした。加山さんは，
　（私は金持ちではありません。ひま人でもありません。いいかっこうをしたいのでもありません。）
と言いたかった。だが，言えなかった。中井さんのことを思うと，自信が持てなかった。
　こおりつくような冷たい雨の降る日だった。中井さんの家には，もう何回めの訪問だろうか。加山さんは歩きながら，なくなった父親のことを思い出していた。
「中井さん，こんにちは。あいにくのお天気ですね。……私の父がなくなったのも，こんな雨の日でした。血圧が高くて心配していたんですけど。脳卒中でした。寒いのはいけません。」
　中井さんはぎょろっと目を向けた。
「あなたのお父さんも血圧が高かったんか。私もそうだ。いつおむかえが来るかわからん。」
「中井さん，そんなさみしいことを言わないでくださいよ。それより血圧はどれくらいですか。私も高めで気になっているんですよ。塩分をひかえるようにって医者に言われているんですけど，なかなかそうもいきませんでね。」
「加山さん，それは気をつけなきゃいけませんぞ。油断したらいけません。」
　中井さんはまじめな顔で，はっきり言った。加山さんは，思わず笑って答えた。
「そんな人ごとみたいな言い方，おかしいですよ。ご自分の心配のほうが先じゃないですか。」
「なるほど，それもそうだ。一本取られましたな。」
　中井さんもつられて笑った。はじめて見た笑顔だった。加山さんは率直にきいた。
「私をもうきらってはいませんか。」
「いや，あんたをきらっていたわけじゃない。ただ，私はなにかしてもらうというのがきらいなのに，『してあげる』と言われても返事をする気にならなかっただけで……。それにしても加山さんはよく続きますな。私もあんたが来るのが楽しみ

になりましたよ。」
　中井さんの家を出た加山さんは，満たされた気持ちでいっぱいだった。なんの身構えもなく，中井さんと話せた。年齢は少しはなれてはいるが，友達を訪ねた思いであった。不思議なほど疲労感はなかった。冷たい雨は降り続いていたが，寒くはなかった。
　（また，来よう。この次も，笑顔を見せてもらえたらいいなあ。）
　加山さんは義務感からではなくて，すなおにそう思った。
　（それにしても，「なにかしてもらうのがきらいだ」はこたえたな。）
　そのときふと，田中さんの顔が思い出された。つらそうに「いつもお世話になってすみません。」という顔である。加山さんは，思わず立ちどまった。
　（田中さんはどうしてあれほどつらそうにするのだろうか。もしかしたら……。）
　雨の中でかさを持ったまま考え続けた。
　（田中さんは介護の手がないと生きていくのがつらい。だから，田中さんが生きるということは介護されることをふくんでいる。世話することも世話されることも，両方が生きていくうえで自然なあたりまえのことなのだ。それなのに，自分はどのような思いで田中さんに接してきたのか。「世話をしてあげている」ということで，自分だけがいい気分になっていたのではないか。田中さんに，「世話になってすまない」とつらい思いをさせていたのは，自分ではなかったか。）
　加山さんは，田中さんにあやまらなくてはならないと思った。
　それから加山さんは肩のりきみがぬけてなにをするのも楽になった。自分にできることをしていくことで，だれとでも自然に，人間として出会い，支え合い，ともに生きていけばいいのだと思うようになった。
　今日も加山さんは，「ちょっと行ってくるよ。」と出かける。

出典：『中学道徳3　明日をひらく』東京書籍
（『中学校　読み物資料とその利用』文部科学省）

授業実践 13

働くことの意義

将来，私たちは社会に出て，職業に就く。
今，中学生の私たちにできることは，
職場体験活動や
ボランティア活動などを通して
働くことの意義を考え，
将来に向かって
しっかりと準備することだと思う。

出典：『私たちの道徳　中学校』文部科学省

授業実践 13

この人に学ぶ—鈴木邦雄

　マラソンなどで視覚障害者ランナーのために伴走する人の存在を知っているだろうか。鈴木邦雄さんは，約三十年前会社勤めの傍ら，視覚障害者ランナーのマラソン伴走という「仕事」を始めた。無報酬でしかも交通費も宿泊費も自分でもたなければならないボランティアの仕事だ。
　伴走という仕事の見返りは何か，という質問に鈴木さんは「相手の方が走れた感動」だと，即答する。「相手の方が喜んでくれることが，僕の喜び」なのだという。
　伴走者とランナーとは短いロープでつながれている。あくまでも主役はランナーであり，伴走者は歌舞伎でいう黒子。鈴木さんは「ランナーに対する気配り，気遣い，思いやり，そして基本は信頼関係」と言う。苦しくてもそれを乗り越えた達成感，充実感が格別だそうで，それをランナーと共有することが鈴木さんの仕事なのである。
　決してランナーには無理をさせない。「やめたい」と言われたら「がんばれ」などとは言わず「やめましょう」と応じる。折り返し地点に達すると鈴木さんはランナーに「楽しみが半分になっちゃいましたね。」「楽しみは残り半分ですよ。」と声をかけるそうだ。
　鈴木さんは，以前従事していた電気会社の仕事で鈴木さんとその家族の生活を支えてきた。さらに今は，全国のどこへでも出掛け，視覚障害者ランナーを支える仕事を続けている。

出典：『私たちの道徳　中学校』文部科学省

授業実践 14

一冊のノート

文　北鹿渡文照

「お兄ちゃん、おばあちゃんのことだけど、この頃かなり物忘れが激しくなったと思わない。僕に、何度も同じことを聞くんだよ。」
「うん。今までのおばあちゃんとは別人のように見えるよ。いつも自分の眼鏡や財布を探しているし、自分が思い違いをしているのに、自分のせいではないと我を張るようになった。おばあちゃんのことでは、お母さん、かなり参っているみたいだよ。」
　弟の隆とそんな会話を交わした翌朝の出来事であった。
「お母さん、僕の数学の問題集、どこかで見なかった。」
「さあ、見かけなかったけど。」
「おかしいな。おととい、この部屋で勉強した後、確かにテレビの上に置いといたのになあ。」
　学校へ出かける時間が迫っていたので、僕は段々いらいらして、祖母に言った。
「おばあちゃん、また、どこかへ片付けてしまったんじゃないの。」
「私は、何もしていませんよ。」
　そう答えながらも、祖母は部屋のあちこちを探していた。母も隆も問題集を探し始めた。しばらくして、隆が隣の部屋から誇らしげに問題集を持ってきた。
「あったよ、あったよ。押入の新聞入れに、昨日の新聞と一緒に入っていたよ。」
「やっぱり、おばあちゃんのせいじゃないか。」
「どうして、いつも私のせいにするの。」
　祖母は、責任が自分に押し付けられたので、さも、不満そうに答えた。
「そうよ、何でもおばあちゃんのせいにするのはよくないわ。」
　母が、僕をたしなめるように言った。僕は、むっとして声を荒げて言い返した。
「何言ってるんだよ。昨日、この部屋の掃除をしたのはおばあちゃんじゃないか。新聞と一緒に問題集も押入に片付けたんだろう。もっと考えてくれよな。」
「そうだよ。お兄ちゃんの言うとおりだよ。この前、僕の帽子がなくなったのも、おばあちゃんのせいだったじゃないか。」
「しっかりしてよ、おばあちゃん。近頃、だいぶぼけてるよ。僕ら迷惑してるんだ。今も隆が問題集を見付けなかったら、遅刻してしまうところじゃないか。」
　いつも被害にあっている僕と隆は、一斉に祖母を非難した。祖母は、悲しそうな顔をして、僕と隆を玄関まで見送った。
　学校から帰ると、祖母は小さな机に向かって何かを書き込んでいた。僕には、そのときの祖母の寂しそうな姿が、なぜかいつまでも目に焼き付いて離れなかった。
　祖母は、若い頃夫を病気で亡くした。その後、女手一つで四人の息子を育て上げる傍ら、民生委員や婦人会の係を引き受けるなど地域の活動にも積極的に携わってきた。そんなしっかり者の祖母の物忘れが目立つようになったのは、六十五歳を過ぎたここ一、二年のことである。祖母は、自分は決して物忘れなどしていないと言い張り、家族との間で衝突が絶えなくなった。それでも若い頃の記憶だけはしっかりしており、思い出話を何度も僕たちに聞かせてくれた。このときばかりは、自分が子供に返ったように目を輝かせて話をした。両親が共働きであったことから、僕たち兄弟は幼い頃から祖母に身の回りの世話をしてもらっており、今でも何かと祖母に頼ることが多かった。
　ある日、部活動が終わって、僕は友達と話しながら学校を出た。途中の薬局の前で、友達の一人が突然指差した。
「おい、見ろよ。あのばあさん、ちょっとおかしいんじゃないか。」
「本当だ。何だよ、あの変てこりんな格好は。」
　指差す方を見ると、それは、季節外れの服装にエプロンをかけ、古くて大きな買い物籠を持った祖母の姿であった。確かに友達が言うとおり、その姿は何となくみすぼらしく異様であった。僕は、慌てて祖母から目を離すと辺りを見回した。道路の向かい側で、二人の主婦が笑いながら立ち話をしていた。僕には、二人が祖母のうわさ話をしているように見えた。
　祖母は、擦れ違う時、ほほ笑みながら何かを話し掛けた。しかし、僕は友達に気付かれないように、知らん顔をして通り過ぎた。友達と別れた後、僕は急いで家に帰り、祖母の帰りを待った。
「ただいま。」
　祖母の声を聞くと同時に、僕は玄関へ飛び出した。祖母は、大きな買い物籠を腕にぶら下げて、汗を拭きながら入ってきた。
「ああ、暑かった。さっき途中で会った二人は……。」
「おばあちゃん。何だよ、その変な格好は。何のためにふらふら外を出歩いているんだ。」
　僕は、問い詰めるような厳しい口調で祖母の話を遮った。

131

「何をそんなに怒っているの。買い物に行って来たことぐらい見れば分かるでしょ。私が行かなかったら誰がするの。」
「そんなことを言っているんじゃない。みんながおばあちゃんのことを笑ってるよ。かっこ悪いじゃないか。」
「そうして，みんなで私をばかにしなさい。一体どこがおかしいって言うの。誰だって年を取ればしわもできれば白髪頭にもなってしまうものよ。」
　祖母の言葉は，怒りと悲しみで震えていた。
「そうじゃないんだ。大体こんな古ぼけた買い物籠を持って歩かないでくれよ。」
　僕は，腹立ちまぎれに祖母の手から買い物籠をひったくった。
「どうしたの，大きな声を出して。おばあちゃん，僕が頼んだ物ちゃんと買ってきてくれた。」
「はい，はい。買ってきましたよ。」
　隆は，買い物籠を僕から受け取ると，さっそく中身を点検し始めた。
「おばあちゃん，ばんそうこうと軍手が入ってないよ。」
「そんなの書いてあったかなあ。えーと，ちょっと待ってね。」
　祖母は，あちこちのポケットに手を突っ込みながら一枚の紙切れを探し出した。見ると，それは隆が明日からの宿泊学習のために祖母に頼んだ買い物リストであった。買い忘れがないように，祖母の手で何度も鉛筆でチェックされていた。
「やっぱり，ばんそうこうも軍手も，書いてありませんよ。」
「それとは別に，今朝，買っておいてくれるように頼んだだろう。」
「そんなこと，私は聞いていませんよ。絶対聞いていません。」
「あのね，おばあちゃん。……。」
　隆は，今にもかみつくような顔で祖母をにらんだ。
「もうやめろよ。おばあちゃんは忘れてしまったんだから。」
「何だよ。お兄ちゃんだって，さっきまで，おばあちゃんに大きな声を出していたくせに。」
　僕は，不服そうな隆を誘って買い物に出かけた。道すがら，隆は何度も祖母の文句を言った。
　その晩，祖母が休んでから，僕は今日の出来事を父に話し，何とかならないかと訴えた。父は，僕と隆に，先日，祖母を病院に連れて行ったときのことを話し出した。
「お前たちが言うように，おばあちゃんの記憶は相当弱くなっている。しかし，お医者さんの話では，残念ながら現在の医学では治すことはできないんだそうだ。これからもっとひどくなっていくことも考えておかなければならないよ。おばあちゃんは，おばあちゃんなりに一生懸命やってくれているんだからみんなで温かく見守ってあげることが大切だと思うよ。今までのように，何でもおばあちゃんに任せっきりにしないで，自分でできることぐらいは自分でするようにしないといけないね。」
「それは僕たちもよく分かっているよ。だけど……。」
　これまでの祖母のことを考えると，僕はそれ以上何も言えなくなった。
　その後も，祖母はじっとしていることなく家の内外の掃除や片付けに動き回った。そして，物がなくなる回数はますます多くなった。
　ある日，友達からの電話を受けた祖母が，伝言を忘れたため，僕は友達との約束を破ってしまった。父に話した後怒らないようにしていた僕も，このときばかりは激しく祖母をののしった。
　それから一週間余り過ぎたある日，探し物をしていた僕は引き出しの中の一冊の手あかに汚れたノートを見付けた。何だろうと開けてみると……
　それは，祖母が少し震えた筆致で，日頃感じたことなどを日記風に書きつづったものであった。見てはいけないと思いながら，つい引き込まれてしまった。最初のページは，物忘れが目立ち始めた二年ほど前の日付になっていた。そこには，自分でも記憶がどうにもならないもどかしさや，これから先どうなるのかという不安などが，切々と書き込まれていた。普段の活動的な祖母の姿からは想像できないものであった。しかし，そのような苦悩の中にも，家族と共に幸せな日々を過ごせることへの感謝の気持ちが行間にあふれていた。
『おむつを取り替えていた孫が，今では立派な中学生になりました。孫が成長した分だけ，私は年をとりました。記憶も段々弱くなってしまい，今朝も孫にしかられてしまいました。自分では気付いていないけれど，他にも迷惑をかけているのだろうか。自分では一生懸命やっているつもりなのに……。あと十年，いや，せめてあと五年，何とか孫たちの面倒を見なければ。まだまだ老け込むわけにはいかないぞ。しっかりしろ。しっかりしろ。ばあさんや。』
　それから先は，ページを繰るごとに少しずつ字が乱れてきて，判読もできなくなってしまった。最後の空白のページに，ぽつんとにじんだインクの跡を見たとき，僕はもういたたまれなくなって，外に出た。
　庭の片隅でかがみこんで草取りをしている祖母の姿が目に入った。夕焼けの光の中で，祖母の背

中は幾分小さくなったように見えた。僕は、黙って祖母と並んで草取りを始めた。
「おばあちゃん、きれいになったね。」
　祖母は、にっこりとうなずいた。

出典：『私たちの道徳　中学校』文部科学省

授業実践 15

ごめんね、おばあちゃん
　　　　　　　　　　　　　　文　濁川明男

　とにかく、最近祖母はめっきり年老いた感じがする。
　ぼくの家は、両親が働いているので、祖母が家の留守を守ってきた。ぼくや妹が学校から帰るとおやつを出してくれたり、夕ごはんをつくってくれたりした。また、ぼくが小学校のころには、母にかわって授業参観や体育祭などに来て、
「しっかりやれや！」
などと、友達の前で大声を出すので、はずかしい思いをしたこともあった。
　しかし、一年前から耳もずいぶん遠くなり、体も思うように動かなくなってきた。
　そこで、けがをされたり、火事でも起こされたりしてはたいへんだということで、家事はいっさい母が行うことになった。それでも祖母は立ち働くので、「家の心配の種」と母はこぼすようになった。気をきかして米をとげば分量をまちがえ、ふろに水を入れればとめ忘れ、食事ではごはんやおかずをぽろぽろ下に落とすなど、全く小さな子どものようである。
「おばあちゃん、なんにもしないでいいから、じっとしていて！」
と、母が大声を張り上げることも日常的になっている。
　先日、友達の明君が遊びに来て、二人でプラスチックモデルをつくっていたときのことである。
「聡や、ほら、友達にあげな。」
と言って、祖母が危なげな足どりで部屋にジュースとお菓子を運んできた。明君が、
「こんにちは、おじゃましています。」
と、ていねいにあいさつをしたのに、祖母はそっぽを向いている。
「早く出ていって！」
と言ったとたん、うしろでバリッという音がした。ふり返ってみると、帆船の命でもあるマストがこなごなになっているではないか。しかも、それは明君のものであった。祖母はごみでもふみつけた

と思ったのか、知らん顔をして行ってしまった。ぼくは、
「ごめんね、おばあちゃんもうろくしているので。べんしょうするから。」
と、明君に再三わびて、帰ってもらった。
　夕はんのとき、
「おばあちゃん、もう友達が来てもぼくの部屋に来ないでね。」
と大声で言ってやった。すると祖母は、
「おばあちゃん、なにか悪いことしたかや？」
と言ったが、ぼくは説明してもしかたがないと思い、
「なんでもいいの、友達が来てもおせっかいしないこと。」
とどなった。祖母はせつなげな顔をしたが、すぐにいそいそとみんなのごはんを盛り始めた。そのときである。妹の由加子が、
「おばあちゃん、私のごはん盛らないで、自分で盛るから。」
と言って、いきなり茶わんを祖母から取り上げた。
　そのしゅんかん、
「由加子、どういうことだ！」
という父のするどい声が飛んだ。由加子は、
「だって、おばあちゃん、きたないんだもん。」
とふくれて言い返した。
「どこが！」
と、父の声が強まった。
「ごはん飛ばしたり、しるをこぼしたり……。」
と言いかけたが、父のおこった顔を見てめそめそと泣きだし、自分の部屋に行ってしまった。
「聡もそうだ、おばあちゃんにそんな言い方はないだろう。」
と、いかりがぼくに向いてきた。
　ぼくは、「はい。」と返事はしたが、心はおだやかでなかった。
　ようやく、沈黙の食事も終わり、祖母が手を合わせ、立とうとしたとき、
「おばあちゃんもしっかりしてもらわなくてはね。」
と母がつぶやいた。小声だから聞こえるはずがないのだが、祖母の引きつった顔になみだが一すじ流れていた。ぼくは自分の言葉が引き金になったこともあり、祖母のうしろ姿が気になった。
　翌日、学校から帰ると、祖母が骨折で入院したことを聞かされた。祖母は庭の草取りをしようとして、勝手口から出るときに石段につまずいたらしい。となりのおばさんが祖母の呼ぶ声におどろいてかけつけ、近くの整形外科へ運びこんでくれたそうである。
　おそい夕食の準備をしながら、母が父と相談し

ていた。
「困ったわね。今,いそがしくて休めないのよ。骨折だからつきそわなくてもいいでしょう。でも,せんたく物だけはどうにかしなくてはね。」
と母は言った。
「いいよ。おれが会社の行き帰りに寄るよ。おばあちゃんの好きなたらこのかすづけ,明日でも用意しておいてくれよ。」
と父は答えていた。

その翌日,部活もなく早めに帰宅したぼくは,祖母の入院のことも忘れ,いつものように「ただいま。」と言って戸に手をかけたが,かぎがかかっていた。家に入り居間にこしをおろすと,しいんとした家の中が別世界のように思えた。居間に大の字になってねたが,静けさがだんだんさびしさに変わり落ち着かない。脳裏に,小学生のころ祖母に手を引かれていった花見の情景や,父にしかられたぼくをかばってくれたときのことなどが,うかんでは消えていった。祖母がこのままもどってこないのではないかという気もしてきた。

いつしか,ぼくは自分の部屋の貯金箱からお金を出し,自転車に乗って病院へ向かっていた。とちゅうの魚屋でたらこのかすづけを買い,病室に入っていった。相部屋で,四つのベッドが並んでいたが,お年寄りばかりであった。川合サトと書いてあるベッドを見つけたが,祖母はふとんをかぶってねているようだった。

ぼくは,静かにいすを出してすわった。ふとんの外に出ているギプスで固定された祖母の足をじっと見ていた。
「川合さん,お孫さんですよ。」
と看護師さんが,祖母を起こした。

目を覚ました祖母の姿は,髪が乱れ,しみとしわがういて,家での祖母とは別人のようであった。
「おばあちゃん,これ。」
と,たらこを差し出したが,もうあとの言葉が続かなかった。
「聡,来てくれたかや。」
と,力の鳴くような声を出し,ぼくの手をにぎって胸元に引き寄せた。ざらざらした手の感触とぬくもりが伝わってきた。祖母は声がつまり,しわとしわの間を一すじのなみだが流れた。
「もう,おまえたちには,なにもしてやれなくなった……。」
とつぶやき,まくらの下から財布を出し,首をふるぼくの手に,むりやり千円札をにぎらせた。

なにも話す言葉も見つからず,そばについてひとときが過ぎた。
「おばあちゃん,学校が早く終わったら,また寄るからね。」

と言って,病室を出た。
玄関を出るとき,人のいないことを確かめて,
「おばあちゃん,ごめんね。」
と小声でつぶやいた。

自転車に乗るぼくの気持ちはすがすがしく,強くペダルをふんで家にもどった。

その夜,勉強しているぼくの部屋に,めずらしく父が入ってきた。
「ばあちゃんとこ,行ってくれたんだってなあ。」
と言って,どう答えてよいかとまどっているぼくの頭を,やさしくポンとたたいて出ていった。

出典:『中学道徳2　明日をひらく』東京書籍

授業実践 16

島うたの心を伝えたい
文　生徒作文

朝花節

一寸出じでぃ　はばかりながら
御免くださりませ　くぬ家の御亭主様

汝きゃとうや　稀々どぅ
互に稀々じゃが　今夜中や遊でぃ給れ

拝まん人む　拝で知りゅり
命長むぃとれば　拝まん人む　拝で知りゅり

【歌意】
とつぜんおじゃまをいたします。
この家のご主人様。

あなたとお会いするのは久しぶりのことです。
今夜はゆっくりと歌遊びをしましょう。

知らない人でも,お会いできてこそ
知り合いになれるのです。
元気に生きていれば,
知らない人ともお会いすることができます。

私は現在,島うたを習っています。まだまだ上手には歌えませんが,たまに人前で歌ったりします。みんなすごく喜んで聞いてくれます。ときには,おじいちゃん,おばあちゃんたちが,目になみだをうかべてじっと聞いていることもあります。

きっと昔のことを思い出しているんだなあと思います。家族のこと，友人のこと，たくさんのことを……。

私は，一度仏壇の前で歌ったことがあります。それは，生前，おばが私のうたを聞きたいと何度も言っていたのですが，聞いてもらえないままなくなってしまったからです。親せきの人たちが歌って聞かせてあげてと言うので，「行きゅんにゃ加那節」を歌いました。これは悲しい別れのうたです。歌詞の意味を考えながら，気持ちをこめて歌いました。歌っているうちに，仏壇の前のみんなのすすり泣く声が聞こえてきて，私自身もなみだがあふれ，声がつまりました。もうおばさんはいないんだなあと，そのとき実感しました。

島うたを習い始めたときは，ただなにも考えずに歌っていました。でも，このことがあってから，歌詞の意味を考えたりしながら，気持ちをこめて歌おうと努力しています。

奄美では，「歌半学」といって，うたを習うことは学問をすることと同じだといわれてきています。台風などの自然災害，天災，ききん，黒砂糖の強制生産，えき病という過酷な日々の中で貧しさとたたかいながら，助け合い，はげまし合って生きぬいた祖先の知恵が，うたの中にこめられているからです。苦難の歴史の中で歌いつがれてきた島うたの心を理解し，表現するのはとても難しいことです。また，歌詞は奄美独特の方言なので，言葉の意味がわからないと歌えません。だから，方言の勉強も欠かせません。

私は，島うた教室に四年間通い続けてきました。もうやめようかと思ったことも何度かありました。でも，島うたを習っていると地域の人から喜ばれ，いつも「がんばれよ。」とか，「ずっと続けてね。」とか言われます。それは，島うたが奄美の人々のかけがえのない「財産」だからだと思います。

島うたの中には，三味線のもの悲しいひびきとからみ合い，聞く者のなみだをさそう悲しいうたや，八月踊りうたのように，おたがいの苦労を分かち合い，豊作の喜び，自然のめぐみに感謝して歌いおどる明るいリズムのものもあります。そのどちらも，遠い祖先の「魂のさけび」みたいなものが根底に流れているような気がします。

今，私は島うたを続けてきてよかったと心から思っています。まだまだ上手には歌えませんが，これからたくさん練習して，人を感動させられるような島うたを歌えるようになりたいと思っています。そして，多くの人に島うたのよさを知ってもらいたいと思っています。

島うたを口ずさんでいると，あらためて，「島うた」は島の人の温かい心であり，美しい自然そのものなんだなあと感ぜずにはいられません。私は島うたをとおして，島の人の心を私なりに伝えていけたらと思っています。

生まれた島が好きだから，島の心を大切にしたいから，私はこれからも歌い続けていきたいと思います。ずっとずっと島うたを。

行きゅんにゃ加那節

行きゅんにゃ加那　彼遠ぬ島かち
行きゅんにゃ加那
汝きゃ事思めばや　行き苦しゃ

母と父　長生きしんしょれ　母と父
育でりば働し　召しょらしゅんど

目ぬ覚めて　夜や夜ながと　目ぬ覚めて
汝きゃ事思めじゃし　眠ぶららぬ

【歌意】
行ってしまうのですか，遠くの島まで。
いや，あなたのことを思うと行くのがつらいのです。

お母さん，お父さん，長生きをしてください。
大人になったら働いてめんどうをみますから。

目が覚めて，一晩中目が覚めて，
あなたのことを思ってねむれませんでした。

出典：『中学道徳3　明日をひらく』東京書籍
（前泊佑香　作『平成12年度　いま中学生が訴えたいこと』㈳青少年育成国民会議［編］）

授業実践 17

日本人の自覚をもち世界に貢献する

今日，地球規模で物やサービスが
生産，消費され
国を超えて人々が行き来し，
相互に依存する関係が強くなっている。

また，持続可能な発展のためには，
世界の国々や地域が協力して
解決することが必要な課題も増えてきている。

こうした時代だからこそ，
自国の文化だけでなく，
他の国や地域の文化を理解し，尊重し，
どの国や地域の人に対しても，
公正，公平に接することが一層重要になっている。

世界の中の日本人としての自覚をもち，
世界の平和と人類の幸福の実現に向けて，
私たちはこれから何を考え，
何をすればよいのだろうか。

出典：『私たちの道徳 中学校』文部科学省

授業実践 17

海と空　―樫野の人々―

「助かった。」
　救援機の車輪がテヘラン空港の滑走路を離れた瞬間，私は「ああ，やっと戦禍のテヘランを離れることができた。」と実感した。周りを見ると家族連れの多くは抱き合って泣いている。
　昭和六十（一九八五）年三月，イラン・イラク戦争のさなか，イラン在留の日本人たちは，テヘランから脱出しようとしていた。しかし，テヘラン空港に乗り入れていた各国の航空機は自国民を優先するため，日本人の搭乗の余地はなかった。私を含め日本人の全てが不安とあせりの中にいた。その緊迫した状況の中で救いの手が差し伸べられた。トルコ政府が取り残された日本人救援のために飛行機を出してくれたのだ。こうして私を含めた二一六人が無事脱出できた。危機一髪だった。
　なぜトルコ政府が救援機を出してくれたのか。なぜトルコだったのか。この疑問をもったまま，二十年近くもたったある日，偶然，「イランからの脱出～日本人を救出したトルコ航空～」というシンポジウムがあることを知った。私は次の日曜日，予定を変更して，電車を乗り継いでM市へ出掛けた。
　シンポジウムでは，トルコ政府が，飛行機を出してくれた背景に，トルコ人が親日的であることが強調されていた。そして，トルコ人が親日的になった第一の理由として，エルトゥールル号の遭難者を救助した樫野の人々の話があることを知った。
　しかし，親日的であるということだけで，あの危険な状況の中で，自国の国民よりも優先して日本人の救出に当たれるものだろうか。シンポジウムを聞いても，私の疑問は完全には解消しなかった。どうしても樫野に行ってみなければ，エルトゥールル号遭難の顛末を知らなければならないと思った。

　和歌山県串本の向かいの大島に樫野はある。今では，巡航船ではなく橋が架かり車が行き交う。私が妻と一緒にトルコ記念館を訪れたのは春の暖かい日だった。
　展示室は思ったよりもこぢんまりしていて，エルトゥールル号の説明，写真や手紙などをじっくりと見て歩いた。しかし，まだ私は納得できず，いささか失望の思いで展示室を出ようとしたところ，出口の所に，分厚いファイルが置いてあることに気付いた。手に取ってみると『難事取扱ニ係ル日記』と記されている。当時の大島村村長の沖周がエルトゥールル号遭難の経緯と事故処理について書きつづったものだった。ページをめくってみると，旧字体と片仮名を使ったもので，読みやすいとは言えなかったが，何か分かるかもしれないと思い日記を読み始めた。
　しばらく読みふけり，ふと目を上げたとき，館長が声を掛けてきた。
「随分と熱心に御覧になっていますね。」
「最初は商船だと思っていたのですね。軍艦だと知って驚いたでしょうね。救助活動としかるべきところへの連絡，事故処理等すごいですね。」
　館長は，何かの研究かと尋ねてきたので，私は，イランからの脱出と，シンポジウムのことを話した。
「そうですか。大変な思いをなさったのですね。」
「でも，まだ何だか分からないのです。なぜトルコの救援機が危険を冒してまで日本人を救出してくれたのか。」
　館長は，私の言葉にうなずいた。
「私も，沖日記を読みました。そうした公的な記録と共に，エルトゥールル号遭難時の樫野地区の様子を伝える話もあります。おじいさんやおばあさんから直接，トルコ人救出の話が伝わっているのです。」

　あれは，明治二十三（一八九〇）年九月十六日夜のことでした。この大島は串本に近い大島地区，中部の須江地区，そして東部の樫野地区の三つの地区からなっていました。その東部の先に樫野崎灯台というのがあります。話はその灯台から始まったのです。
　樫野崎灯台の入り口の戸が激しくたたかれたとき，時計は夜の十時半を指していました。当直の

乃美さんが、扉を開けると暴風雨の中から一人の外国人が倒れ込んできました。乃美さんはびしょぬれの外国人を抱きかかえて中に入れ、明かりの下で見ると、服はあちこちが裂け、顔も手足も傷だらけでした。急いで同僚の瀧沢さんを呼びました。二人の灯台職員に外国人は、身振り手振りで盛んに何かを訴えます。瀧沢さんはその様子から海難事故であると分かりました。それで、奥の部屋から万国通信ブックを持ってきてページを繰りながら尋ねました。
「どこの国ですか。」
　その男は、しっかりと赤地に三日月と星の国旗を指差しました。それはトルコの国旗でした。
　瀧沢さんは、用務員を樫野地区の区長のもとに走らせるとともに、自身はその男の手当てをし始めました。そうこうするうちに、次々と助けを求めるトルコ人たちが灯台にやってきました。
　他方、トルコ船の遭難の知らせを受けた樫野の人々は、急いで灯台下の断崖に向かいました。恐怖と疲労のあまり口も利けないトルコ人を、樫野の人々は、両側から支え、歩けない者は背負い、灯台と樫野の村に運び込んだのです。
　樫野の人々は、村の家々から浴衣を集めて、トルコ人のぬれた衣服と取り替えさせました。でも、なかなか冷えた体の震えは止まりません。樫野の人々は、一晩中、手や足、背中と体中をこすって温め続けたそうです。
　朝までに六十九人のトルコ人が救助されました。
　困ったのは、食料でした。樫野地区の人たちは海に出て漁をしていたのですが、この年、漁獲量が減っていましたし、米の値段も上がっていました。だから蓄えた食料もほとんど無かったと言ってよいと思うのです。
　ところが、樫野の人々は、トルコの人たちにありったけの食料を提供しました。
「これでサツマイモは全部だな。」
「ああ、畑には何にも残っとらん。」
　そのとき、一人の長老が穏やかに、しかし力強く言いました。
「トルコの方は大勢いなさる。畑のものだけでは足りんから、みんなの家のニワトリをさばくことになるが。……みんな、ええな。」
　即座に、赤銅色に日焼けした男が太い声で答えました。
「当たり前じゃ。いざという時のために飼っとるニワトリじゃ。わしらもトルコの方も一緒じゃ。食べてもらおうや。」
「そうや、そうや。元気に御国へ帰ってもらいたいからなあ。」
　非常用のニワトリを差し出すことに、誰一人難色を示す者はいません。
「樫田さん、コックの腕の見せ所や。頼むで。」
「いやあ、この年で、お役に立つとは。お母ちゃんたちも手伝うてや。」
　樫田さんは、以前に灯台に勤めていた英国人のところでコックをしていたことがあり、専ら調理を引き受けました。ニワトリを追いかけ捕まえる人、サツマイモを洗う人、火を起こす人、椀を運ぶ人、樫野の人々の心尽くしの洋食がたっぷりと振る舞われ、負傷者は元気に回復していきました。
　この後、樫野地区の畑には、一個のサツマイモも無く、家に一羽のニワトリも無かったということです。

　エルトゥールル号は、トルコ皇帝の命を受けて、答礼として明治天皇に親書と勲章を贈呈するためにやって来ていました。無事任務を果たした特使オスマン・パシャ一行を乗せたエルトゥールル号が樫野崎灯台下で遭難したのです。樫野の海から生還した六十九人は、明治政府の計らいにより軍艦「比叡」と「金剛」によって、無事トルコに送り届けられました。しかし、大多数の乗員は故郷へ帰ることはかなわず、水平線の見える樫野崎の丘に手厚く埋葬されたのです。

　トルコ記念館を出た妻と私は、海を右手に見ながら樫野の丘に続く小道をたどった。
「百年以上も前だったのねえ。」
「そうだったんだなあ。」
　私の脳裏には、イランからの脱出のこと、先日のシンポジウムのことなどが脈絡もなく浮かんでいた。
　故国を遠く離れた異境の地で、しかも荒れ狂う嵐の海で、生死を分かつ危機に遭遇したトルコの人たちと、テヘランの空港で空爆の危機にひんした私たち日本人とを重ね合わせてみた。
　私たちは国際的規模の相互扶助によって助けられたことは確かだ。樫野の人々は、ただ危険にさらされた人々を、誰彼の別なく助けたかったに違いない。その心があったからこそ、百年の時代を経ても色あせることなくトルコの人々の中に、親日感情が生き続けているということであろう。トルコが救援機を出してくれたのも、危機にひんした人々をただ助けたいと思ったからに違いない。私は長年の疑問が氷解していくような気がした。
　私は、樫野の海を見た。
「海と空」
　それが水平線で一つになっていた。

出典：『私たちの道徳　中学校』文部科学省

授業実践 18

**繋がる命　愛情注いでね　臓器提供する
Ａちゃんへ　お父さんお母さんより**

　日本臓器移植ネットワークは二十五日，東海地方の病院で二十三日に脳死と判定された六歳未満の女児の両親が「ありったけの愛を天国から注いでくれるとうれしいな」などとつづった手紙を公表した。女児からは二十五日，臓器が摘出され，岡山大病院などで計三人に移植する手術が行われた。判定基準が厳しい六歳未満からの脳死移植は五例目となった。手紙の全文は次の通り。

◇

　Ａちゃんが体調を崩してからお父さんとお母さん辛くてね。毎日毎日神様にお願いしました。目に見える物全てに，お山に行ってお願いして，川が見えればお願いして，海に向かっても…いろいろ神社なんかも夜中に行ってお願いしました。最後には落ちている石ころさんたちにもお願いしたんだよ。でもね，どうしてもＡちゃんとお父さんを入れ替えることはできないんだって。

　もう目を覚ますことはできないんだって。もう長くは一緒にいられないんだって。

　お父さんとお母さんは辛くて辛くて，寂しくて寂しくて泣いてばかりいたけれど，そんな時に先生からの説明でＡちゃんが今のお父さんやお母さんみたいに涙にくれて生きる希望を失っている人の，臓器提供を受けなければ生きていけない人の希望になれることを知りました。どうだろう？Ａちゃんはどう思う？いやかな？

　お父さんやお母さんは悩んだ末，Ａちゃんの臓器を困っている人に提供することを決めました。もしいやだったらゴメンね。

　お父さんもお母さんも臓器を必要としている人がたくさんいて，その人を見守る人たちがどんなに辛く苦しい思いをしているか知っています。もしその人たちにＡちゃんが役に立てるなら，それは素晴らしいことだと思ったんだよ。

　一人でも人の命を救う。心を救う。ってすごく難しいことでお父さんもできるかわからない。だけど，とても素晴らしく，尊いことなんだよ。

　もしＡちゃんが人を救うことができたり，その周りの皆さんの希望になれるとしたら，そんなにも素晴らしいことはないと思ったの。こんなにも誇らしいことはないと思ったの。Ａちゃんが生きた証じゃないかって思ったの。今のお父さん，お母さんみたいに苦しんでいる人が一人でも笑顔になってくれればどんなに素晴らしいだろうと思ったの。

　そして，その笑顔はお父さんやお母さんの生きる勇気にもなるんだよ。

　いつも周りのみんなを笑顔にしてくれたＡちゃんだから，きっとまた世界の笑顔を増やしてくれるよね？

　命はつなぐもの。お父さんとお母さんがＡちゃんにつないだようにＡちゃんも困っている人に命をつないでくれるかな？

　願わくば，お父さんとお母さんがＡちゃんにそうしたように，ＡちゃんもＡちゃんがつないだその命にありったけの愛を天国から注いでくれるとうれしいな。　お父さんより

　お母さんを
　　もう一度
　　　抱きしめて
　　　　そして
　　　　　笑顔を見せて
　　　　　　お母さんより

朝日新聞　2016年2月26日掲載

授業実践 19

**哲学の木　観光客マナー違反　所有者が撤去
北海道・美瑛**

　丘陵地に畑が広がる農業景観で全国的に有名な北海道美瑛町で，人気だったポプラの老木「哲学の木」が24日，姿を消した。樹齢を重ねて倒木の危険性が高まったことに加え，生えている農地に無断で侵入する国内外の観光客や写真愛好家が後を絶たず，所有者の農家が撤去という苦渋の決断をした。

　畑に傾いて生える姿が物思いにふける人を連想させることから「哲学の木」として紹介されるようになり，町内でも屈指の人気を誇る撮影地だった。

　ところが観光客の増加で近年，写真を撮るために畑が踏み荒らされたり，道路に止めた車で農作業に支障が出たりするなどのトラブルが急増。たまりかねた所有者が近寄らないように「哲学の木」の幹に赤い×印を付け，撮影禁止にしていた。また町などが日本語や英語，中国語で農地への立ち入り禁止を伝える看板を設置。町観光協会も観光スポットとしての紹介をやめ，注意喚起していたが，無断立ち入りは続いた。

一方，大木で畑の日当たりが悪くなり農作物の生育に悪影響が出ていたほか，寿命が尽きかけ弱っていた。このため枝が折れて落ちたり，最悪の場合，木が倒れる可能性も出ていた。

けが人が出た場合，管理責任を問われかねず，農作物の栽培中に倒れれば大きな被害が出ることから，24日に重機で倒され，25日にトラックで運び出された。所有者の男性は「もう疲れた。そっとしておいてほしい」と話した。

町内で同様のトラブルが多発しており，町観光協会は「マナー向上を呼びかけていただけに残念。美瑛の丘は観光地だけでなく農産物の生産の場で，踏みにじることは許されない。これを機にマナー違反がなくなってほしい」と話す。【横田信行】

毎日新聞 2016年2月26日掲載

授業実践 19

美しいものへの感動と畏敬の念を

広大な平原，そびえ立つ山脈，果てしない水平線，
地球には息をのむほどの
美しい自然がある。
地球の自然は，人類が誕生するはるか前から育まれてきた。

人間だけでなく，あらゆる動植物は
自然の恵みによって生命を営んでいる。

しかし，ときに，自然は荒々しい姿を見せる。
海は荒れ狂い，山は噴煙を上げ，大地は揺れる。

自然は私たちに感動や恵みを与えてくれる。
同時に，自然は，人間の力を超えた力で，
私たちに畏敬の念を抱かせる。

私たちは，有限な存在である。
そのことを謙虚に受け止めながら，
その中で人間としてより良く生きるとは
どういうことかを考えていきたい。

出典：『私たちの道徳 中学校』文部科学省

授業実践 19

自然の恵み

私たち人間を含め，地球上の動植物は，自然からの恩恵を得て生活している。
日本各地では古くから自然の恵みに感謝する祭りが行われ，
現代に受け継がれている。

出典：『私たちの道徳 中学校』文部科学省

授業実践 19

自然の美しさ

自然は季節や時間によって様々な表情を見せる。
地球上の自然には，
極めて長い時間を掛けて形成されたものがある。
また，ほんの一瞬だけ輝きを放つものもある。

出典：『私たちの道徳 中学校』文部科学省

授業実践 19

人間の力を超えるもの

自然は美しさをみせる一方で，
台風や豪雪，
地震，火山の噴火といった
人間の力では抗うことのできない
猛威を振るうこともある。

出典：『私たちの道徳 中学校』文部科学省

授業実践 19

自然の神秘を感じる

私たちは，
自然の神秘や美しさに感動し，
山野の変化や，
動物の営みを不思議に思う。

文学，絵画，音楽など
芸術作品の中で
自然を賛美しているものも多い。

出典：『私たちの道徳 中学校』文部科学省

授業実践 19

自然との調和

地球環境保全の意識の高まりとともに，
人間生活と自然との調和，共存を目指す考え方が
広まっている。
今後も，自然の恩恵を享受していくために，
私たちはどうすればよいだろう。

出典：『私たちの道徳 中学校』文部科学省

授業実践 19

コウノトリ野生復帰プロジェクト

　かつて日本の多くの地域で見られたコウノトリ
は，戦後，兵庫県豊岡市など一部の地域でしか見
られなくなった。
減り続けるコウノトリを救うため，豊岡市では昭
和40（1965）年から人工飼育を始めた。
待望のヒナが誕生したのは，人工飼育の開始から
25年目の平成元（1989）年。その後，コウ
ノトリの飼育下増殖が軌道に乗り始めると，コウ
ノトリをもう一度野生に帰すことが現実のものと
なってきた。
豊岡市では「コウノトリ野生復帰プロジェクト」
を進めている。コウノトリの野生復帰は，単にコ
ウノトリが生息できる豊かな環境を再生，創出す
るだけでなく，人と自然との関係を再生，創出す
ることを目指すものである。
平成17（2005）年，最初の放鳥が行われ，
現在では70羽を超えるコウノトリが豊岡の空を
舞っている。

出典：『私たちの道徳 中学校』文部科学省

授業実践 20

森からの伝言

文　吉田繁

　巨樹を撮る旅に出かけたのは，今から十年ほど
前。森の中でも最長寿の命にひかれ，最初は屋久
島の縄文杉に会いに行きました。はじめて見た縄
文杉は，推定樹齢が三千年以上といわれていて，
そのときの私はまだ三十歳でした。そのすごみに
圧倒されながらも，三千年と三十年の命が，同じ
世界で出会えたという不思議な感動がありました。
　それから十年近く，北海道や東北といった日本
中の巨樹，カナダやマダガスカル，台湾など世界
の巨樹に出会う旅を続けてきました。ブナ，ヒノ
キ，スギ，カツラなどさまざまな巨樹に出会うた
びに感じることは，木の包容力の大きさです。例
えば台湾の紅ヒノキは，樹高が五十五メートルも
あり，まるでビルのように大きく，目の前に巨大
なかべがあるようではじめはこわいほどでした。
そこで，ちょっとはなれたり，近づいたり，周り
をぐるぐると回ってみたりしていると，そのうち
にだんだんと気持ちが落ち着いてきます。ようや
くとなりにすわれるようになると，今度は少しず
つ木のやさしさや豊かさが流れこんでくるように
思え，なんとも幸せな気持ちになれるのです。森
の空気を吸っていても，歩いていても，沢の水を
飲んでも，ありがたいな，と思えてきます。森の
大きな命に出会うと，生きることへの感謝の心が
すなおにわいてくるような気がします。
　巨樹に出会ったら，まずその木肌にふれてみて
ください。保護面からさわることがむりならば，
そのとなりにすわってそっと目を閉じてください。
風の中で向こうの枝がゆれているとか，鳥が飛ん
できて羽を休めたとか，場合によっては水の気配
を感じることもできます。例えばカツラの木は，
その昔，森の住人が水源を探すめじるしにしたほ
ど水の好きな木です。その横にすわると，その地
下にある水源を感じることがあります。

　いやされる木，はげまされる木……。自分の心
休まる木を見つけて，その一年の表情を追うこと
も楽しいと思います。同じ木でも，冬と春では全
くちがった木の鼓動が聞こえてきます。葉を大き
く広げる季節は，ものすごい量の水分が必要なの
で，その時期に聴診器を当ててみると，木の中か
ら水をあげる音が聞こえることもあります。
　巨樹にふれて，そのはるかな時間に出会うと，
ふだん気がつかなかった自分が見えてきます。き
っと，木は遠い森の記憶をどこかで伝えようとし

ているのでしょう。何百年前，何千年前の森のメッセージが今の自分に届いたら，新しい自分が見えてくるような気がします。巨樹に出会う旅。それは，自分に出会う旅のようです。

出典：『中学道徳3 明日をひらく』東京書籍
（『朝日新聞 平成10年9月2日』朝日新聞社）

授業実践21

仏の銀蔵

　昔々の話です。銀蔵という高利貸しがいました。銀蔵は，生活に苦しむ農民や職人たちに金を貸しては高い利子をつけてもうけていました。
　毎日，銀蔵は借金をした人の家を回っては，貸した金を取り立てていました。その取り立ては厳しく，借金の証文綴りを前にして，
「さあ，払え。今すぐ払え。」
と，小太りの体をゆすって大きな声を出すのです。そんな銀蔵を人々は恐れ，「鬼の銀蔵」と呼んでいました。
　ある日のこと，銀蔵は，取り立ての途中，茶屋に寄り，店先の床几に腰を下ろし，渋茶をすすりながら好物の団子を食べていました。銀蔵は，時々懐に手を入れては取り立てた金の重みを確認して，ニタニタとしていました。その時，突然，一羽のカラスがバタバタっと舞い降りてきて銀蔵の団子の一つをひょいとついばみ，さーっと飛び去っていきました。
「あっ。」
　銀蔵は慌てて手を伸ばしました。なんと，団子の皿の横に置いてあった証文の綴りがカラスの足に絡まり，あっという間にカラスと一緒に空に消えてしまったのです。
「あれがなくては，取り立てができない。」
　銀蔵は，すぐに証文綴りを探して走り回りましたが見つかりませんでした。
　その出来事はあっという間に人々に伝わりました。
　数日後，銀蔵がいつものように貸した金の取り立てにまわると，
「さて，銀蔵さん，私はいくらお借りしましたかな。」
「銀蔵さん，この前お返ししたじゃありませんか。」
「いつもの証文を見せてください。」
などと，人々は言うのでした。あまりにも多くの人にお金を貸していたので，さすがの銀蔵もそれぞれいくら貸したのか，正確には覚えておりません。それに証文がなければ，借金の証拠がないから取り立てはできません。
「くそっ，カラスめ。」
　銀蔵はカラスを憎み，証文綴りを必死になって探すのでした。しかし，どこを探しても証文綴りは見つかりませんでした。カラスのおかげで，銀蔵の厳しい取り立てから逃れられるのですから，借金をした人々は，ほっとしました。
「カラス様々ですな。」
「あのカラス様は神様の使いだ。」
「カラス大権現様。」
と人々は，カラスをたたえ喜びました。
　取り立てできなくなり，がっくりしている銀蔵のところに，不思議な手紙が届きました。
〈証文綴りが欲しければ，十五日亥の刻に，金現寺地蔵堂の賽銭箱に二十両入れ，地蔵堂の鈴を鳴らすこと〉
と，書いてあります。
　銀蔵は，
「くそっ二十両か，だが，証文綴りが戻ってくれば，また取り立てができる。借金をとぼけたやつら，今に見ていろ。」
と，金貸しで貯めた二十両を賽銭箱に入れることを決めました。証文綴りが戻ると思った銀蔵は，
「今日は証文はないが，今度証文を持って来るから，その時までに残りの借金をそろえておけ。びた一文まけないからな。」
と，人々にいつも以上に厳しい態度を取るようになりました。慌てたのは金を借りていた人々です。人々は証文綴りが銀蔵に戻らないよう祈るのでした。
　銀蔵は手紙の通りに，二十両を賽銭箱に入れ，鈴を鳴らしました。すると，上から紙切れが落ちてきて，その紙切れには「地蔵堂の裏に証文綴りあり」と書いてありました。銀蔵はすぐに地蔵堂の裏に走って行き，証文綴りを探しましたが，それらしきものは見あたりません。
「やられた。」
叫んだ銀蔵は，へたへたと座り込みました。はっと気が付いた銀蔵は一目散に賽銭箱にとびつき，二十両を取り出そうとしましたが，取り出すことはできませんでした。
　すぐに銀蔵は寺の住職を起こし，二十両を返せと訴えました。住職が賽銭箱を開けると，銀蔵が入れたと思われる二十両がありました。住職は，厳かに言いました。
「確かに二十両入っています。でも，銀蔵さんが入れたという証拠がないので，返すわけにはいき

ません。誰か銀蔵さんが入れたのを証言できますか。」
と銀蔵に尋ねました。もちろん、そんなものはいません。住職は、それなら銀蔵に金を渡すわけにはいかない。賽銭として、寺の普請（建築工事）に使わせてもらうと言いました。
「これは確かに俺の金だ。返せ、泥棒坊主。」
と銀蔵が言うと、
「僧を泥棒呼ばわりし、賽銭を脅し取ろうというのか。この罰あたりめが。」
と住職は言い返しました。さすがに銀蔵は何も言えず、がっくりと肩を落とすのでした。このことが噂になると、人々は今度は、
「地蔵様の罰があたったのだ。」
「さすがお地蔵さん、南無地蔵大菩薩。」
と話し始めました。
　銀蔵は、金貸しで稼いだ二十両も失い、人に貸す金もなくなりました。威勢のいい銀蔵の声は聞こえなくなりました。銀蔵の生活は苦しくなり、とうとう銀蔵は、食べるものを求めて農民たちの家をまわりはじめました。さすがに人々は哀れに思い、銀蔵に米や野菜を分けてやるようになりました。
　しばらくしてからのことです。あれほど銀蔵を恐れ、憎んだ人々でしたが、不思議なことに、証文綴りがないのに、
「このくらいの借金があった。」
「このくらいなら返せる。」
と、銀蔵に借りた金を返す者が現れてきました。銀蔵は、いくら証文綴りを突き付けても借金を払わなかった人々が、一人また一人と借金を返し始めたことを不思議に思いました。銀蔵は、思い切って尋ねました。
「証文もないのに、なぜ借金を払うんだ。」
　すると、人々は、
「貧しいが、盗人にはなりたくねえ。」
「お天道様が見てござる。」
と、答えるのです。
　銀蔵は、それを聞いてぽかんとしました。銀蔵は腕組みをしたまま考え続けました。
「そうか、お天道様か。」
と膝を打ちました。

　その後、銀蔵は、手元に戻った金でほそぼそと商いを始め、以前のような金貸しをすることはありませんでしたとさ。

出典：『中学校道徳　読み物資料集』文部科学省

授業実践 22

銀色のシャープペンシル

　教室の机も並べ終えたし、あとは後ろにたまったごみをかたづけるだけだ。その時、ぼくは綿ぼこりや紙くずに混じって、銀色のシャープペンシルが落ちているのを見つけた。手に取ってほこりを払ってみると、まだ新しいし、芯も何本か入っているようだ。自分のシャープをなくしたところだったので、ちょうどいいやと思ってポケットにしまった。
　一週間ほどたった理科の時間。今日はグループに分かれて融点の測定を行う。グループには幼なじみの健二と、このクラスになって仲良くなった卓也がいる。健二は調子がよくてときどき腹の立つこともあるが、ぼくと同じバスケット部で、いつも冗談ばかり言っているゆかいなやつだ。その点、卓也はやさしくてぼくが困るといつも助けてくれる。対照的な二人だがなぜか気が合って、グループを作るといつも三人がいっしょになる。
　理科室に行くと、教科委員が実験器具を配っていた。ぼくは卓也が読み上げていく温度計の値を記録していく係だ。席に着くと記録用紙が配られ、ぼくは準備しようと筆入れからあの銀色のシャープペンシルを取り出した。その時だ。卓也がぽそっと、
「あれ、そのシャープ、ぼくのじゃ……。」
と言った。（えっ、これ卓也の。）と言おうとしたら、すかさず健二が、
「お前、卓也のシャープとったのか。」
と大きな声ではやしたてた。ぼくは「とった。」と言う言葉に一瞬血の気が引いていくのを感じた。
　ざわざわしていた教室が静まり返り、みんなが一斉にぼくの方を見た。ぼくはあわてて、
「何を言っているんだ。これは前に自分で買ったんだぞ。健二、変なこと言うなよな。」
と言って、健二をにらんだ。健二はにやにやしているばかりだ。卓也の方を見ると、ぼくの口調に驚いたのか下を向いて黙ってしまった。しばらく教室全体にいやな空気が流れた。
　チャイムが鳴り、先生が入って来られ実験が始まった。ぼくは下を向いたまま卓也の読み上げる値を記録していった。卓也がぼくの右手に握られているシャープペンシルを見ているようで落ち着かなかった。早く授業が終わらないかと横目でちらちら時計を見た。でも、時間がぼくの周りだけわざとゆっくり流れているように感じた。本当のことを話そうと思った。でも、自分で買ったなん

て言ってしまった手前，とても声には出せなかった。
　健二は相変わらずふざけて，班の女子を笑わせている。人の気も知らない健二にむしょうに腹が立ってきた。だいたい健二が悪いんだ。とったなんて大きな声で言うから返せなくなったんだ。みんなだって人のものを勝手に使っているくせに，こういうときだけ自分は関係ないなんて顔をしている。拾っただけのぼくがどうしてどろぼうのように言われなくっちゃならないんだ。それに卓也も卓也だ。みんなの前で言わなくてもよかったんだ。大切なものならきちんとしまっておけばいい。シャープペンシルの一本ぐらいでいつまでもこだわっているなんて心が狭いんだよ。
「実験をやめて，黒板を見なさい。」
　先生の声がした。右手はじんわり汗をかいていた。ぼくはシャープペンシルをポケットにさっとしまうと，みんなにわからないように汗をズボンで拭った。授業が終わると，ぼくは二人の前を素通りし，一人で教室にもどった。だれともしゃべる気にはなれなかった。
　授業後，健二が部活動に行こうと誘ってきたが，ぼくは新聞委員の仕事があるからと，一人で教室に残った。だれもいなくなったのを確認すると，シャープを卓也のロッカーに突っ込んだ。これでいい，ちゃんと返したんだから文句はないだろうと，部活動へ急いだ。
　夕食をすませるとすぐに部屋にかけ上がった。勉強をする気にもなれず，ベッドにあお向けになり今日のことを考えていた。
「卓也君から電話。」
　母が階段の下からぼくを呼んだ。とっさに卓也が文句を言うために電話をしてきたのだという考えが浮かんだ。ぼくは何を聞かれても知らないで通そうと，身構えて受話器を取った。
「今日のことだけど，実はシャープ，ぼくの勘違いだったんだ。部活動の練習が終わって教室に忘れ物を取りにもどったら，ロッカーの木工具の下にシャープがあって。それに，本当のこと言うと，少し君のこと疑っていたんだ。ごめん。」
　卓也は元気のない声で謝っている。ぼくの心臓はどきどき音を立てて鳴りだした。
「う，うん。」
と言うと，ぼくはすぐに電話を切った。まさか卓也が謝ってくるとは考えもしなかった。自分の顔が真っ赤になっているのを感じた。だれにも顔を見られたくなくて，黙って家を出た。
　外に出ると，ほてった顔に夜の冷たい空気が痛いほどだった。ぼくは行くあてもなく歩き出した。卓也はぼくのことを信じているのに，ぼくは卓也を裏切っている。このままで本当にいいのかと自分を責める気持ちが強くなりかける。すると，もう一人の自分が，卓也が勘違いだと言っているんだからこのまま黙っていればいいとささやいてくる。ぼくの心は揺れ動いていた。
　突然，「ずるいぞ。」という声が聞こえた。僕はどきっとして後ろを振り返ったがだれもいない。この言葉は前にも聞いたことがある。合唱コンクールの時のことだ。ぼくはテノールのパートリーダーだったが，みんなも練習したくなさそうだったし，用事があるからと言っては早く帰って友達と遊んでいた。テノールはあまり練習ができないままコンクールの日を迎えてしまった。結果はやはり学年の最下位。ぼくはパートのみんながしっかり歌ってくれなかったからだと言いふらした。帰り道，指揮者の章雄といっしょになった。ぼくは章雄にも「みんながやってくれなくて。」と言ったら，章雄は一言，
「お前，ずるいぞ。」
と言い残して走っていった。
　あのときは，章雄だって塾があるからと帰ったことがあったのに，人に文句を言うなんて自分の方がずるいんだと腹を立てていた。今度もそうだ。自分の悪さをたなに上げ，人に文句を言ってきた。いつもそうして自分を正当化し続けてきたんだ。自分のずるさをごまかして。
　どれくらい時間がたっただろう。ふと顔を上げると，東の空にオリオン座が見えた。あの光は数百年前に星を出発し，今，地球に届いているという。いつもは何も感じないのに，今日はその光がまぶしいくらい輝き，何かとてつもなく大きいもののように思える。少しずつ目を上げていった。頭上には満天の星が輝いていた。すべての星が自分に向かって光を発しているように感じる。ぼくは思い切り深呼吸をした。そして，ゆっくり向きを変えると，卓也の家に向かって歩き出した。

出典：『道徳教育推進指導資料 中学校 読み物資料とその利用「主として自然や崇高なものとのかかわりに関すること」』文部科学省

（執筆者）

章	氏名	所属
1章	押谷由夫（おしたに・よしお）	武庫川女子大学大学院教授
	野津有司（のづ・ゆうじ）	筑波大学教授・筑波大学附属中学校長
	賞雅技子（たかまさ・あやこ）	三鷹中央学園三鷹市立第四中学校校長
2章	多田義男（ただ・よしお）	筑波大学附属中学校教諭
	和田亜矢子（わだ・あやこ）	筑波大学附属中学校教諭
	小池林太郎（こいけ・りんたろう）	東京都杉並区立東田中学校主任教諭
	畑佐直紀（はたさ・なおき）	東京都新宿区立西新宿中学校主任教諭
	渡部忠和（わたなべ・ただかず）	東京都府中市立府中第八中学校主任教諭
	五ノ井理人（ごのい・まさと）	東京都練馬区立大泉北中学校教諭
	中塩絵美（なかしお・えみ）	東京都北区立滝野川第二小学校教諭
	堀　朗子（ほり・さえこ）	東京都練馬区立関中学校教諭
	畠山大輔（はたけやま・だいすけ）	宮城県南三陸町立歌津中学校教諭
	森川紗希（もりかわ・さき）	東京都板橋区立桜川中学校教諭

生徒も教師もわくわくする道徳授業
深い学びにつながる22の秘訣　中学校編

2017年4月11日　第1刷発行

監　　修	押谷由夫・野津有司・賞雅技子
発 行 者	千石雅仁
発 行 所	東京書籍株式会社 東京都北区堀船2-17-1　〒114-8524 03-5390-7531（営業）／03-5390-7402（編集） 出版情報＝https://www.tokyo-shoseki.co.jp
印刷・製本	株式会社 平河工業社

Copyright ©2017 by Yoshio Oshitani, Yuji Nodu, Ayako Takamasa and
Tokyo Shoseki Co.,Ltd.,Tokyo All rights reserved.
Printed in Japan

デ ザ イ ン	中島由希子
イ ラ ス ト	今田貴之進
編集協力	株式会社 エディット（塚本鈴夫、緑川恵美、海谷紀和子、水嶋亜実）

ISBN978-4-487-81046-8 C3037

乱丁・落丁の場合はお取替えいたします。定価はカバーに表示してあります。
本書の内容の無断使用はかたくお断りいたします。